In vierzig wahnwitzigen, hochspekulativen und ur-komischen Gedankenexperimenten stellt sich David Eagleman der Frage, wie unser Leben nach dem Tod aussehen könnte.

Wir könnten unser Leben noch einmal leben, aber endlich sinnvoll sortiert, nach ähnlichen Tätigkeiten: Sieben Monate Sex, dreißig Jahre lang schlafen und achtzehn Monate Schlangestehen. Vielleicht sind wir aber auch Cyborgs, gebaut von viel dümmeren Lebe-wesen, damit wir ihnen ihr Dasein erklären. Und Gott selbst? Existiert wahrscheinlich. Aber ob er eine Frau, ein Mann oder eine Mikrobe ist? Leidet SIE unter dem Burn-out-Syndrom? Oder ist ER auch nur ein Mensch wie du und ich? David Eagleman spekuliert über den Tod und erklärt uns dabei das Leben.

David Eagleman ist Multitasker und teilt seine Zeit zwischen internationalen Auftritten, TED-Konferen-zen und seinem renommierten Forschungslabor am Baylor College of Medicine in Houston, Texas, auf. Be-vor er seinen Doktor im Bereich der Neurowissen-schaften machte, studierte er Britische und Amerika-nische Literatur, »Fast im Jenseits« wurde in mehr als 20 Sprachen übersetzt und 2012 in London als Oper uraufgeführt.

David Eagleman

Fast im Jenseits

Oder warum Gott Frankenstein liest

Aus dem Englischen
von Jürgen Neubauer

bloomsbury taschenbuch

FSC
MIX
Papier
FSC® C083411

Oktober 2012
Die Originalausgabe erschien 2009 unter dem Titel
Sum. Forty Tales from the Afterlives
bei Pantheon Books, New York.
© David Eagleman 2009
Für die deutsche Ausgabe
© 2009 Campus Verlag GmbH, Frankfurt am Main/New York
Umschlaggestaltung: Rothfos & Gabler, Hamburg
Druck und Bindung: CPI – Clausen & Bosse, Leck
Printed in Germany
ISBN 978-3-8333-0803-1

www.bloomsbury-verlag.de

Inhalt

Die Bilanz

NACH IHREM TOD leben Sie Ihr Leben ein zweites Mal, nur dass diesmal die Ereignisse in einer sinnvolleren Reihenfolge angeordnet sind: Ähnliche Momente werden zusammengefasst.

Sie fahren zwei Monate lang mit Ihrem Auto die Straße vor Ihrem Haus auf und ab. Sie haben sieben Monate lang Sex. Dreißig Jahre lang schlafen Sie, ohne ein einziges Mal die Augen zu öffnen. Fünf Monate lang sitzen Sie auf dem Klo und blättern in Zeitschriften.

Sie nehmen alle Schmerzen auf einmal auf sich, siebenundzwanzig heftige Stunden lang. Knochenbrüche, Autounfälle, Schnittwunden und Geburten. Wenn Sie das überstanden haben, verläuft der Rest Ihres Daseins im Jenseits schmerzfrei.

Sechs Tage Nägelschneiden. Fünfzehn Monate lang verlorene Gegenstände suchen. Achtzehn Monate Schlangestehen. Zwei Jahre Langeweile: Blicke aus Busfenstern und Warten in Flughafenterminals. Ein Jahr lang Bücher lesen. Ihre Augen brennen und Ihr ganzer Körper juckt, weil Sie sich vor Ihrer zweihunderttägigen Marathondusche nicht waschen können. Zwei Wochen lang nachdenken über das Leben nach dem Tod. Eine Minute lang erschrecken, weil Sie hinfallen. Siebenundsiebzig Stunden Verwirrung. Eine Stunde lang feststellen, dass Sie den Namen eines Menschen vergessen haben. Drei Wochen lang eigene Fehler einsehen. Zwei Tage lang lügen. Sechs Wochen Warten, dass die Ampel grün wird. Sieben Stunden lang erbrechen. Vierzehn Minuten ungetrübter Freude. Drei Monate lang Wäsche waschen. Zwei Tage lang Unterschriften schreiben. Sechs Tage lang Trinkgelder ausrechnen. Siebenundsechzig Stunden Herzschmerz. Einundfünfzig Tage lang entscheiden, was Sie anziehen wollen. Neun Tage lang so tun, als wüssten Sie, wovon die Rede ist. Siebzig Tage Sehnsucht. Sechs Monate Fernsehwerbung. Vier Wochen lang nachdenken, ob Sie Ihre Zeit nicht besser nutzen könnten. Drei Jahre lang Essen kauen. Vier Minuten lang überlegen, wie Ihr Leben wohl aussehen würde, wenn Sie die Reihenfolge der Ereignisse ändern könnten. In diesem Moment malen Sie sich ein Leben aus, das gewisse Ähnlichkeit mit Ihrem irdischen Dasein hat. Bei dem Gedanken überkommt Sie ein Glücksgefühl: Ein Leben, in dem sich Ihre Erfahrungen auf kleine, leicht verdauliche Häppchen verteilen und in dem Sie erleben, welch ein Glück es sein kann, von einem Ereignis zum anderen zu springen wie ein Kind, das über den heißen Sand hüpft.

∿

Gleichheit

IM JENSEITS ERKENNEN SIE, dass Gott die Komplexität unseres Daseins nur allzu gut nachvollziehen kann. Sie hatte sich lediglich dem Gruppenzwang gebeugt, als sie ihr Universum nach dem Vorbild der anderen Götter einrichtete und ihre Menschen in Gut und Böse einteilte. Doch schon bald musste sie einsehen, dass jeder ihrer Menschen auf viele Arten gut, und zur gleichen Zeit auf genauso viele Arten verderbt und gemein sein konnte. Wie sollte sie ein Urteil darüber fällen, wer in den Himmel kam und wer in die Hölle? Konnte nicht jemand gleichzeitig Firmengelder veruntreuen und für einen guten Zweck spenden?, überlegte sie. Konnte nicht eine Frau ihren Ehemann hintergehen, aber auf diese Weise zwei Männern Liebe und Geborgenheit schenken? Konnte nicht ein unschuldiges Kind unabsichtlich ein Geheimnis ausplaudern und damit eine Familie entzweien? In jungen Jahren fiel ihr die Einteilung der Menschen in Gut und Böse leichter, doch je mehr Erfahrung sie sammelte, umso mehr litt sie unter ihrer Rolle als Richterin. Sie entwickelte komplexe Formeln, um Hunderte von Faktoren gegeneinander abzuwägen, und ließ sich von einem Computer seitenlange Ewigkeitsentscheidungen ausspucken. Im Grunde ihres Herzens widerstrebte ihr diese Automatisierung zutiefst, und als der Computer schließlich eine Entscheidung traf, mit der sie nicht einverstanden war, sah sie ihre Chance gekommen und zog den Stecker. Am selben Nachmittag hörte sie sich die Klagen der Toten zweier kriegführender Nationen an. Beide Seiten hatten gelitten, beide beschwerten sich zu Recht und beide brachten ihre jeweilige Position überzeugend vor. Sie hielt sich die Ohren zu und wimmerte vor Leid. Sie wusste, dass ihre Menschen vieldimensionale Wesen waren und konnte nicht mehr mit der rigiden Entscheidungsstruktur leben, die sie sich selbst in ihrer Jugend vorgegeben hatte.

Nicht alle Götter quälen sich so mit der Urteilsfindung herum. Wir können von Glück sagen, dass wir nach unserem Tod vor eine Schöpferin treten, die nur zu gut versteht, wie viele Herzen in unserer Brust schlagen.

Monatelang ging sie mit hängendem Kopf in ihrem himmlischen Wohnzimmer auf und ab und grübelte, während draußen die Schlangen der Wartenden immer länger wurden. Ihre Berater empfahlen ihr, die Entscheidungen doch zu delegieren, aber sie liebte ihre Menschen einfach zu sehr, um sie anderen anvertrauen zu wollen.

In einem Moment der Verzweiflung dachte sie spontan, sie könnte die Menschen doch einfach bis in alle Ewigkeit in der Schlange warten, oder selbst ihre Entscheidungen treffen lassen. Dann kam ihr jedoch eine andere Möglichkeit in den Sinn. Sie konnte es sich ja leisten! Deswegen wollte sie jedem Menschen ohne Unterschied einen Platz im Himmel geben. Irgendwo hat schließlich jeder Mensch einen guten Kern, das war doch Teil des ursprünglichen Bauplans. Nach diesem Geistesblitz kehrte ihr alter Schwung zurück und ihre Wangen röteten sich vor Freude. Sie schloss die Hölle, feuerte den Teufel und veranlasste, dass alle Menschen – Neuankömmlinge wie Alteingesessene, Sünder wie Gerechte – an ihrer Seite im Himmel saßen.

Die neue Regelung gewährt jedem Paradiesbewohner die gleiche Sprechzeit mit ihr. Die meisten halten sie für übermäßig besorgt und geschwätzig, aber es kann niemand behaupten, wir wären ihr egal.

Das Wichtigste an ihrer Neuregelung ist die absolute Gleichbehandlung aller Menschen. Nach dem Tod gibt es nicht mehr Harfenklänge für die einen und Feuer für die anderen. Es heißt nicht mehr Wasserbett oder Pritsche, Sushi oder trocken Brot, Sekt oder Selters. Alle Menschen sind Brüder und Schwestern. Im Jenseits wird zum ersten Mal eine Idee Wirklichkeit, die es auf der Erde nie bis zur Umsetzung geschafft hat: die Gleichheit.

Die Kommunisten sind verblüfft und verärgert, denn nun haben sie zwar endlich ihre ideale Gesellschaft, aber die haben sie einer Gottheit zu verdanken, und an so etwas glauben sie nun mal nicht. Die Leistungselite ist empört, dass sie bis in alle Ewigkeit mit einem Haufen Faulenzer in einer Welt ohne jedes Anreizsystem festsitzt. Die Konservativen haben keine Mittellosen, auf die sie herabschauen, und die Sozialdemokraten keine Geknechteten mehr, die sie aufrichten können.

Nun liegt Gott nachts im Bett und weint, denn es gibt nur eines, auf das sich alle einigen können: dass dies die Hölle ist.

∾

Die Freunde

WENN SIE STERBEN, bemerken Sie zwar, dass sich irgendetwas verändert hat, doch im Grunde sieht alles ganz genauso aus wie vorher. Sie stehen auf, frühstücken und putzen sich die Zähne. Mit einem Küsschen verabschieden Sie sich von ihrer Familie und machen sich auf den Weg ins Büro. Auf dem Weg zur Arbeit fällt Ihnen lediglich auf, dass Sie nicht im Stau stecken. Das Gebäude wirkt halb leer, so als wären Ferien. Doch Ihre Kollegen sind alle da und begrüßen Sie so herzlich wie eh und je.

Sie haben den Eindruck, dass Sie mit einem Mal merkwürdig beliebt geworden sind. Sie kennen jeden, der Ihnen über den Weg läuft. Irgendwann stellen Sie fest, dass sie im Jenseits sind, und dass dies nur von den Menschen bewohnt wird, die Sie aus Ihrem irdischen Dasein kennen.

Das ist lediglich ein winziger Bruchteil der Erdbevölkerung – etwa 0,00002 Prozent – aber es kommt Ihnen immer noch viel vor.

Es sind nur noch die Menschen da, an die Sie sich erinnern. Vielleicht gehört die Frau dazu, mit der Sie im Aufzug Blicke gewechselt haben, vielleicht auch nicht. Ihre Grundschullehrerin ist genauso da wie die meisten Ihrer Klassenkameraden. Ihre Eltern,

Cousins, Freunde und Liebschaften. Ihr Chef, Ihre Großmütter und die Kellnerin, die Ihnen in der Mittagspause im Restaurant das Essen serviert hat. Partner, Beinahe-Partner und Menschen, für die Sie geschwärmt haben. Es ist eine wunderbare Gelegenheit, über alte Zeiten zu plaudern und eingerostete Freundschaften aufzufrischen.

Das Gefühl der Einsamkeit stellt sich erst nach ein paar Wochen ein.

Während Sie mit ein oder zwei Freunden durch einen stillen Park schlendern, fragen Sie sich, was sich verändert hat. Keine Fremden sitzen auf den leeren Bänken. Keine unbekannte Familie füttert die Enten und zaubert Ihnen mit ihrem Gelächter ein Lächeln ins Gesicht. Kein Unbekannter rempelt Sie auf dem Gehsteig an. Kein Gebäude, in dem geschäftige Angestellte wuseln. Keine fernen Städte, in denen das Leben brodelt. Keine Krankenhäuser, in denen rund um die Uhr gestorben wird und Ärzte durch die Flure eilen. Keine Vorortzüge im nächtlichen Regen, in denen sich die Pendler wie Sardinen aneinanderdrängen. Kaum Ausländer.

Sie müssen an all die Dinge denken, die Sie nie verstanden haben. Ihnen wird klar, dass Sie keine Ahnung haben, wie man Gummi vulkanisiert und Reifen herstellt. Doch diese Fabriken stehen jetzt leer. Sie wissen nicht, wie man aus Sand Computerchips herstellt, Raketen ins Weltall schießt, Oliven entkernt oder Eisenbahnschwellen verlegt.

Doch es gibt niemanden mehr, der es Ihnen erklären könnte.

Ohne die vielen fremden Gesichter fühlen Sie sich einsam. Immer öfter beklagen Sie sich, dass Sie jetzt die Gelegenheit hätten, so viele Menschen kennenzulernen, wenn sie denn noch da wären. Doch niemand hört Ihnen zu oder bedauert Sie, denn dies ist genau das Leben, für das Sie sich entschieden haben, als Sie noch am Leben waren.

∾

Rolle rückwärts

IM JENSEITS MACHT MAN IHNEN ein großzügiges Angebot: Sie dürfen frei wählen, als was Sie im nächsten Leben wiedergeboren werden möchten. Wollen Sie vielleicht Ihr Geschlecht wechseln? In ein Königshaus geboren werden? Ein tiefgründiger Philosoph sein? Oder ein Soldat, der ruhmreiche Schlachten schlägt?

Aber möglicherweise haben Sie ja gerade ein schweres Leben hinter sich gebracht. Vielleicht haben Sie unter der Vielzahl der Entscheidungen und Verantwortungen gelitten, denen Sie sich stellen mussten, und wünschen sich jetzt nur noch eines: ein einfacheres Leben. Das ist völlig in Ordnung.

Also entscheiden Sie sich, in der nächsten Runde als Pferd wiedergeboren zu werden. Sie sehnen sich nach dem Glück dieses beschaulichen Daseins. Oft haben Sie sich vorgestellt, wie schön es doch sein müsste, ein Pferd zu sein: wie Sie nachmittags auf einer satten Weide grasen, wie Sie Ihren geschmeidigen Körper strecken und Ihre Muskeln anspannen, wie Sie beim Fächeln Ihres Schweifs ein tiefes Gefühl des Friedens empfinden und wie Ihnen der heiße Atem aus den Nüstern stiebt, während Sie über eine verschneite Ebene galoppieren.

Sie geben Ihre Entscheidung bekannt, ein Zauberspruch wird gesprochen, ein Stab geschwenkt und schon beginnt Ihre Pferdwerdung. Im nächsten Moment wölben sich Ihre Muskeln und Ihnen sprießt ein dichtes Fell, das Sie einhüllt wie eine warme Decke im Winter.

Ihr Gehirn verändert sich im Gleichschritt mit Ihrem Skelett und Ihrer Muskulatur, sodass Sie es als völlig normal empfinden, wenn Ihr Hals immer länger und kräftiger wird. Ihre Herzschlagader weitet sich, Ihre Finger vereinen sich zu Hufen, Ihre Knie werden steif und Ihre Hüften verbreitern sich. Während sich Ihr Schädel längt, vollzieht auch Ihr Gehirn rasante Veränderungen: Das Großhirn schrumpft, das Kleinhirn schwillt, Homunculus wird zu Equnculus, Neuronen werden neu verkabelt, Synapsen aus- und zu Pferdemustern wieder eingestöpselt. Aus der Ferne galoppiert Ihr Traum vom Pferdedasein auf Sie zu. Ihre menschlichen Sorgen fallen von Ihnen ab, Ihr Urteil über das Verhalten Ihrer Mitmenschen wird milder, und selbst Ihr menschliches Denken entgleitet Ihnen.

Plötzlich, in einem dieser Übergangsmomente, wird Ihnen schlagartig ein Problem klar, das Sie bis dahin übersehen hatten. Je näher Sie dem Pferdsein kommen, umso mehr gerät Ihr ursprünglicher Wunsch in Vergessenheit. Sie erinnern sich nicht mehr, wie es war, ein Mensch zu sein, der sich wünscht, ein Pferd zu sein.

Dieser Moment hält nicht lange an. Doch er ist eine Strafe für Ihre Sünden, ein innereienzerfetzender Augenblick prometheischer Folter an einem beliebigen Punkt des Übergangs vom Mensch zum Pferd, an dem Sie sich bewusst werden, dass Sie das Ergebnis nicht mehr zu schätzen wissen, wenn Sie den Ausgangspunkt vergessen haben, und dass Sie die Einfachkeit nicht genießen können, wenn Sie die Kompliziertheit nicht kennen.

Doch diese Erkenntnis ist noch nicht die schlimmste. Ihnen wird plötzlich bewusst, dass Sie bei Ihrer nächsten Rückkehr ins Jenseits mit Ihrem dicken Pferdehirn nicht mehr in der Lage sein werden, sich eine menschliche Gestalt zu wünschen. Sie werden nicht einmal mehr verstehen, was ein Mensch ist. Ihre Entscheidung, die evolutionäre Leiter hinunterzusteigen, ist unwiderruflich und unumkehrbar. Kurz bevor Ihnen der letzte Rest menschlicher Intelligenz entgleitet, fragen Sie sich voller Schmerz, welch grandioses außerirdisches Wesen es wohl gewesen sein mag, das sich aus Sehnsucht nach einem einfacheren Leben in der vorhergehenden Runde entschied, als Mensch wiedergeboren zu werden.

∼

Die Riesin

IM JENSEITS IST ALLES WEICH. Sie öffnen die Augen in einer weitläufigen, gepolsterten Anlage. Alles um Sie herum scheint auf Ruhe und Bequemlichkeit ausgerichtet. Der wattierte Fußboden schluckt den Hall Ihrer Schritte. Die Wände sind mit Kissen überzogen. Schaumstoffplatten an den Decken dämpfen den Klang der Stimmen. Nirgends gibt es eine harte Oberfläche, alles ist mit Federn verkleidet.

Als Sie die große Halle betreten, erregt sofort ein groß gewachsener und fürstlich wirkender Mann Ihre Aufmerksamkeit. Genau so haben Sie sich einen Gott vorgestellt, wenngleich der Mann einen etwas schreckhaften Eindruck macht und tiefe Sorgenfalten um die Augen hat. Ohne Umschweife teilt Ihnen dieser Mann mit, dass er das nukleare Wettrüsten auf der Erde mit Sorge beobachtet und dass er nachts oft schweißgebadet aufwacht, weil ihm der Donner von gewaltigen Explosionen in den Ohren dröhnt.

»Damit Sie mich nicht falsch verstehen«, erklärt er Ihnen, »ich bin nicht Ihr Gott. Ich bin nur ein galaktischer Nachbar. Ich komme aus dem Planetensystem eines Sterns namens Terzan 4. Wir haben also beide das gleiche Problem.«

»Was für ein Problem?«, fragen Sie.

»Bitte, sprechen Sie nicht so laut«, warnt er Sie flüsternd. »Wir haben sämtliche unserer Nachbarn eingehend studiert: Euch Erdlinge und siebenunddreißig weitere Planeten. Wir haben Gleichungssysteme entwickelt, mit denen wir das künftige Wachstum und die gesellschaftliche Entwicklung Ihrer Planeten exakt vorausberechnen können.« Er sieht Ihnen tief in die Augen. »Ihr Erdlinge gehört zu den unruhigsten und unzufriedensten. Nach unseren Berechnungen werdet Ihr immer lautere Waffen entwickeln. Im Rahmen Eurer Raumfahrtprogramme werdet Ihr Tausende lärmender Raumschiffe bauen, die mit ihrem ohrenbetäubenden Raketenantrieb durch das All donnern. Ihr Erdlinge seid wie Euer Entdecker Cortés, der von einem Berggipfel in die Ferne blickt und schließlich aufbricht, um den Frieden an jedem Palmenstrand entlang des Pazifik zu stören.«

»Mit Problem meinen Sie wohl den Eroberungsdrang?«

»Nein, das ist nicht das Problem«, wispert er. »Gestatten Sie, dass ich Sie mit den größeren Zusammenhängen vertraut mache. Sie, ich, unsere Planeten, unsere Galaxie – wir alle sind Teil einer unermesslich riesigen, lebenden Masse. Man könnte diese Masse auch als Riesin bezeichnen, doch dieses Wort würde den irrigen Eindruck erwecken, wir könnten uns auch nur annähernd den leisesten

Hauch einer verschwommenen Vorstellung von ihrer gewaltigen Größe machen.

Um Ihnen eine Ahnung zu vermitteln, mit welchen Dimensionen wir es zu tun haben: Im Vergleich zu ihr sind Sie so groß wie ein Atom. Ihr Planet Erde mit seinen unzähligen und unbändig fruchtbaren Arten ist nicht mehr als ein winziges Protein in den dunklen Abgründen einer einzigen ihrer Zellen. Unsere Milchstraße ist eine solche Zelle, und nicht einmal eine besonders große. Die Riesin besteht aus Hunderten Milliarden solcher Zellen.

Jahrmillionen lang wusste mein Volk nichts von ihrer Existenz, so wie ein Spulwurm keine Ahnung hat, dass er sich auf der Oberfläche eines kugelförmigen Planeten befindet, so wie eine Bakterienkultur nicht über den Rand der Petrischale hinausblicken kann und so wie eine Zelle in Ihrer Hand nicht weiß, dass Sie zu einem Klavierkonzert beiträgt.

Doch dank unserer philosophischen und technologischen Fortschritte lernten wir unsere Situation immer besser verstehen. Vor einigen Jahrtausenden kam schließlich die Theorie auf, wir könnten mit ihr kommunizieren. Es hieß, wir könnten ihre Strukturen entschlüsseln, Signale aussenden und ihr Verhalten beeinflussen, etwa in der Art, in der winzige Moleküle – Hormone, Alkohole oder Betäubungsmittel – auf Ihren Körper wirken.

Also organisierten wir uns, forschten und lernten.

Statt unsere Energie auf unwürdiges politisches Gezänk zu vergeuden, bündelten wir die Kräfte der Wirtschaft und der Wissenschaft darauf, die Biochemie des Universums zu verstehen. Systematisch kartographierten wir die Reizleitungen und die interstellare Anatomie ihres Nervensystems. Schließlich entdeckten wir eine Möglichkeit, Signale an ihr Bewusstsein zu übermitteln und sandten eine exakt berechnete Sequenz elektromagnetischer Impulse aus. Diese wirkten mit regionalen Magnetsphären zusammen, diese wiederum wirkten auf Asteroidbahnen ein, diese veränderten Planetenbahnen, diese bestimmten das Schicksal von Lebensformen, diese beeinflussten die Zusammensetzung von Atmosphären, diese lenkten den Pfad von Lichtsignalen um – alles exakt in den komplexen, einander wechselseitig bedingenden Kausalketten, die wir vorausberechnet hatten. Ich war zutiefst betrübt, als ich kurz vor dem großen Moment der Ankunft des Signals heimgeholt wurde, während alle anderen gespannt auf die Antwort warteten.«

Die Erinnerung ist schmerzhaft und seine Mundwinkel zucken verräterisch.

»Was dann passierte, hatte niemand erwartet. Ein gewaltiger Meteoritenhagel ging auf unseren Planeten nieder. Brennende Wasserstoffwolken stürzten vom Himmel. Dem folgte ein Schwarm schwarzer Löcher, die erbarmungslos jedes umherfliegende Bröckchen, jedes Staubkorn und das letzte

Licht der Erinnerung aufsaugten. Nichts und niemand überlebte.

Von alledem hat sie vermutlich nicht einmal etwas mitbekommen. Vielleicht handelte es sich um eine unbewusste Reaktion ihres Immunsystems. Vielleicht hat sie auch einfach geniest, sich gekratzt, oder eine Gewebeprobe entnehmen lassen.

So haben wir herausgefunden, dass wir zwar mit ihr kommunizieren können, aber nicht auf sinnvolle Art und Weise. Wir sind einfach zu klein. Was könnten wir ihr schon mitteilen? Was könnten wir sie fragen? Wie könnte sie uns antworten? Vielleicht war das ja ihre Antwort. Um was könnten wir sie bitten, das für unser Leben auch nur die geringste Relevanz hätte? Und wenn sie uns mitteilt, was für sie von Relevanz ist, würden wir sie verstehen? Was glauben Sie, welche Bedeutung eine Hamlet-Aufführung für eine Bakterie hätte? Natürlich überhaupt keine. Bedeutung ist eine Frage des Maßstabs. Wie wir jetzt wissen, ist die Kommunikation mit ihr zwar nicht unmöglich, aber sie ist sinnlos. Darum kauern wir heute still auf der Oberfläche dieses geräuschlosen Planeten, der langsam seine flüsternden Bahnen zieht, und tun alles, um nur
ja keine Aufmerksamkeit
zu erregen.«

～

Warum Gott Frankenstein liest

IM JENSEITS BEGEGNEN SIE Mary Wollstonecraft Shelley auf einem Thron sitzend und von himmlischen Heerscharen umsorgt und gehätschelt.

Sie fragen ein wenig herum und erfahren, dass Mary Shelleys Roman *Frankenstein* Gottes Lieblingsbuch ist. Nachts sitzt er mit einem zerlesenen Exemplar in den riesigen Händen auf seiner Dachterrasse, liest immer wieder ein paar Seiten und starrt dann nachdenklich in den Sternenhimmel.

Wie Victor Frankenstein sieht sich Gott in erster Linie als Arzt und Biologe und identifiziert sich schmerzlich mit jeder Geschichte, die sich mit der Schöpfung von Leben beschäftigt. Er weiß nur zu gut, was es bedeutet, tote Materie zum Leben zu erwecken. Wenige der von ihm geschaffenen Wesen haben sich mit den Herausforderungen des Schöpferdaseins befasst, und er war Mary zutiefst dankbar, als sie ihm mit ihrem Buch in seiner Einsamkeit ein wenig Gesellschaft leistete.

Bei der ersten Lektüre bemängelte er zwar noch auf jeder Seite gravierende Fehler und Mängel. Doch als er die letzten Seiten las, erstarrte er. Zum ersten Mal fühlte er sich verstanden. Sofort rief er Mary zu sich und setzte sie auf einen Thron.

Um diesen Gefühlsausbruch zu verstehen, müssen Sie etwas über Gottes Wissenschaftslaufbahn wissen. In seinen Experimenten mit Hefe und Bakterien erkannte er die Gesetze der Selbstorganisation. Er schwelgte in der Schönheit seiner Erfindungen. Je besser er sein Schöpferhandwerk beherrschte, umso raffinierter wurden seine Kreationen. So flickte er das wunderliche Schnabeltier, den kompakten Käfer, das wollige Mammut und die schillernde Delfinschule zusammen. Immer weiter verfeinerte er seine Techniken und schulte seine Fähigkeiten. Mit geschickten Fingern schuf er ein neues Lebewesen nach dem anderen, und mit blindem Ehrgeiz überschritt er immer neue Grenzen seiner gewaltigen Vorstellungskraft.

Doch irgendwann und ohne es zu bemerken überschritt er seinen Rubikon. Er schuf den Menschen, seinen Liebling, seinen Augapfel, sein Meisterstück, seinen ganzen Stolz und seine fixe Idee.

Der Mensch war anders als die anderen Tiere, die jeden neuen Tag so erlebten wie den vorhergegangenen: Er liebte, suchte, sehnte, strebte, irrte und litt – genau wie Gott selbst.

Staunend sah Gott dem Menschen dabei zu, wie er die Erde erforschte und Werkzeuge herstellte. Die Erfindung der Musikinstrumente war eine Sinfonie in Gottes Ohr. Ehrfürchtig beobachtete er, wie sich die Menschen zusammenschlossen, um Städte zu gründen und Mauern zu errichten. Doch Gottes

Freude wich der Beklemmung, als er Zeuge wurde, wie sie anfingen, sich zu zanken und zu schlagen. Nicht lange, und sie töteten. Während schon die ersten Kriege tobten, versuchte er, die wenigen, die ihm zuhörten, zur Vernunft zu bringen.

Schon bald musste er einsehen, dass sein Einfluss geringer war als er gedacht hatte. Es waren einfach zu viele. Er wollte dafür sorgen, dass den guten Menschen Gutes und den schlechten Schlechtes widerfuhr, doch er verfügte nicht über die technischen Mittel, die zur Umsetzung erforderlich gewesen wäre. Das Blut floss in immer tieferen Strömen. Die Assyrer und Babylonier machten den Anfang. Dann fielen die Mazedonier über ihre Nachbarn her. Das Gemetzel, das die Römer veranstalteten, wurde erst durch den Ansturm der Vandalen und Goten beendet. Byzanz stieg auf und fiel. Die Mongolen hieben und stachen. Die Europäer fielen übereinander her. Gottes bunte Erde färbte sich dunkelrot vom Blut des Menschen, und er konnte nichts dagegen tun.

Die ganze Zeit über hörte er das Wehklagen der Menschen, die ihn um Hilfe gegen ihre Feinde anflehten. Er hielt sich die Ohren zu und heulte gegen die Schreie aus den geplünderten Dörfern, das Stöhnen der verblutenden Soldaten und die Gebete aus Auschwitz an.

Das ist der Grund, warum sich Gott in seinem Zimmer einschließt und sich nur des Nachts mit dem *Frankenstein* unterm Arm hinausschleicht aufs Dach, wo er wieder und wieder liest, wie Victor Frankenstein von dem erbarmungslosen Monster durch die Eiswüsten der Arktis gehetzt wird. Mit diesem Buch tröstet sich Gott, denn es bestätigt ihn in dem Glauben, dass alle Schöpfung wider allen guten Willens immer nur auf eines hinausläuft: machtlose Schöpfer, die vor ihren eigenen Kreaturen fliehen.

Die Darsteller

ALS SIE DAS KINDERLIED Merrily, merrily, merrily, merrily, life is but a dream hörten, stieg eine leise Ahnung in Ihnen auf. Ihnen kam der Verdacht, Sie könnten vielleicht nur ein Schmetterling sein, der träumt, er sei ein Mensch. Oder schlimmer noch, ein Gehirn in einem Einmachglas, das träumt, es könne sehen, hören, riechen und schmecken. Also warteten Sie auf den Tod, um aufzuwachen und endlich zu erfahren, ob Sie getüpfelte Flügel auf dem Rücken tragen oder in einem Glas gefangen sind.

Doch mit Ihren Vorahnungen liegen Sie knapp daneben. Nicht das Leben ist ein Traum, sondern der Tod. Und was noch seltsamer ist: Es ist gar nicht Ihr Traum, sondern der eines anderen. Mit einem Mal erinnern Sie sich, dass Ihre Träume immer von Statisten bevölkert waren: Restaurantbesuchern, Menschentrauben in Einkaufszentren und Schulhöfen, anderen Autofahrern und Fußgängern, die die Straße überquerten.

Nun, diese Statisten kommen nicht einfach so aus dem Nichts. Das sind wir: Wir stehen im Hintergrund, spielen unsere Rolle und sorgen dafür, dass sich der Traum echt anfühlt. Manchmal hören wir den Dialogen zu und verfolgen den Handlungsfaden eines Traums. Aber meistens unterhalten wir uns mit anderen Statisten und warten auf den Schichtwechsel.

Es ist keine Arbeit, sondern eine Form der Schuldknechtschaft: Die Anzahl von Stunden, die Sie im Lauf Ihres Lebens geträumt haben, müssen Sie jetzt in den Träumen anderer ableisten. Niemandem macht die Arbeit sonderlich viel Spaß, wenn man einmal von einigen Selbstdarstellern absieht, die gern im Rampenlicht stehen. Sie sind es auch, die Nacht für Nacht die Sprechrollen übernehmen, wir anderen halten uns gern im Hintergrund. Wenn wir Glück haben und der Träumer die Handlung in ein Restaurant verlegt, bekommen wir eine kostenlose Mahlzeit. In den weniger angenehmen Nächten spielen wir Vermummte auf Horrorpartys, werden in einem der inneren Höllenkreise gefoltert oder übernehmen den Part von Kollegen, die lachen und mit Fingern zeigen, wenn die Hauptfigur nackt ins Büro kommt.

Die Schauspieler mit den Sprechrollen lesen ihren Text von Telepromptern hinter dem Kopf des Träumenden ab und sollen dabei so überzeugend wie möglich klingen. Die meisten von uns bringen nur miserable Darbietungen zustande: Wir haben keine Schauspielausbildung und außerdem ist der Anreiz minimal. Doch zum Glück nehmen uns die Träumenden leichtgläubig alles ab, was wir ihnen vorgaukeln. Selbst wenn wir nicht die geringste Ähnlichkeit mit der Person haben, die wir darstellen sollen, ist der Träumende felsenfest überzeugt, dass wir der betreffende Mensch sind und ist höchstens einmal ein wenig verwirrt, wenn das Geschlecht nicht stimmt.

In den dreißiger Jahren traten die Traumdarsteller einmal aus Protest in einen Streik. Drei Tage lang träumten alle Menschen, sie irrten durch verlassene Häuser und menschenleere Straßen. Einige nahmen es als böses Omen und sprangen in den Tod. Als sie zu den Traumdarstellern stießen, waren diese von ihren herzzerreißenden Geschichten zu Tränen gerührt und beendeten ihren Ausstand auf der Stelle.

Vielleicht meinen Sie, diese Art Leben nach dem Tod sei doch keine besondere Strafe. Aber das Schlimmste kommt erst noch.

Morgens, wenn wir aufhören in den Köpfen anderer Leute herumzuspuken, fallen wir selbst in einen unruhigen Schlaf. Und was meinen Sie, wer unsere Träume bevölkert? Diejenigen, die ihren Dienst hier abgeleistet und sich aus dieser Welt verabschiedet haben. Wir leben ewig in den Träumen der nächsten Generation.

Der Mann zu Ihrer Linken vertritt die These, dass wir uns in einem Kreislauf befinden und irgendwann wieder auf die Erde zurückkommen. Seiner Ansicht nach handelt es sich um ein Timesharing-

Programm, das von einer effizienten Gottheit erdacht wurde, um zu verhindern, dass wir uns alle gleichzeitig auf der Erde drängen.

Leider hat die Sache einen kleinen Haken. In meinen Träumen begegne ich Nacht für Nacht einer Frau. Bedauerlicherweise werde ich sie nie einholen, denn sie ist mir immer eine Welt voraus.

∾

Die Verwandlung

SIE STERBEN DREI TODE. Den ersten, wenn Ihre Körperfunktionen versagen. Den zweiten, wenn Ihr Körper ins Grab gelegt wird. Und den dritten in einem fernen Moment in der Zukunft, wenn Ihr Name ein letztes Mal ausgesprochen wird.

Also sitzen Sie in einer Halle und warten auf Ihren dritten Tod. Auf langen Tischen stehen Kaffee, Tee und Plätzchen, Sie können sich frei bedienen. Hier kommen Menschen aus aller Welt zusammen, und Sie können sich unterhalten, mit wem Sie wollen. Allerdings kann Ihr Gespräch jederzeit von einem der sogenannten Rufer unterbrochen werden, der den Namen Ihres Gegenübers ausruft um zu verkünden, dass sich nie wieder irgendjemand auf Erden an ihn oder sie erinnern wird. Mit dem Gesichtsausdruck eines zerbrochenen und wieder zusammengeleimten Tellers schlurft Ihr neuer Bekannter nach draußen, obwohl ihm die Rufer versichern, es gebe überhaupt keinen Grund zur Traurigkeit, denn er komme an einen besseren Ort. Aber niemand weiß, wo dieser bessere Ort sein soll oder was er zu bieten hat, denn niemand, der den Wartesaal durch diese Tür verlassen hat, ist je wieder zurückgekommen, um von dort zu berichten. Tragischerweise müssen viele genau in dem Moment gehen, in dem ihre Angehörigen ankommen, denn üblicherweise sind es genau diese geliebten Menschen, die sich noch an sie erinnern. Wir schütteln jedes Mal den Kopf wenn das passiert, dieses Timing ist typisch.

Der Wartesaal erinnert ein wenig an ein unendlich großes Flughafenterminal. Sie können jede Menge Leute persönlich kennenlernen, denen Sie bisher nur in Geschichtsbüchern begegnet sind. Wenn es Ihnen langweilig wird, können Sie in eine beliebige Richtung aufbrechen und einen der Gänge entlanggehen. Nach einigen Tagesmärschen durch die endlosen Stuhlreihen stellen Sie fest, dass die Menschen anders aussehen, und Sie hören die Laute fremder Sprachen. Auch hier halten sich die Menschen vorzugsweise an Ihresgleichen, wodurch spontan Territorien entstehen, die denen auf der Erde ähneln. Bei Ihrem Gang durch die Reihen wandern Sie über eine Art Erdkarte – das einzige was fehlt, sind die Meere. Außerdem gibt es keine Zeitzonen. Niemand schläft, obwohl sich die meisten sehr danach sehnen. Die Halle wird gleichmäßig von Neonröhren erhellt.

Nicht alle sind unglücklich, wenn die Rufer die Halle betreten und eine neue Liste von Namen verlesen, so als würden sie den nächsten Abflug ankündigen. Im Gegenteil, manche Menschen bitten, betteln und werfen sich ihnen zu Füßen. Es sind meist

Menschen, die schon lange da sind, zu lange, und an die man sich aus den falschen Gründen erinnert.

Nehmen wir zum Beispiel den Bauern da drüben, der vor zweihundert Jahren in einem Bach ertrunken ist. Heute liegt sein Gehöft auf dem Campus einer kleinen Universität, und Touristenführer erzählen Woche für Woche seine Geschichte. Er ist gefangen und fühlt sich elend. Je öfter seine Geschichte erzählt wird, umso mehr verschwimmen die Details. Obwohl er nichts mehr mit seinem Namen gemein hat, hält ihn dieser gefangen. Die griesgrämige Frau schräg gegenüber wird als Heilige verehrt, obwohl in ihrer Brust viele Herzen schlugen. Der grauhaarige Herr neben dem Getränkeautomaten wurde erst als Kriegsheld gefeiert, dann als Kriegstreiber verdammt und ging schließlich als Haudegen einer Übergangsphase in die Geschichte ein. Er sehnt den Tag herbei, an dem seine Statuen fallen. Das ist der Fluch dieses Ortes: Da wir in den Köpfen der Menschen als Erinnerung weiterleben, haben wir keine Kontrolle mehr über unser Leben und werden zu dem, was sie haben wollen.

∾

Trennungsschmerz

DIE DEBATTE DARÜBER, ob Gott ein Mann oder eine Frau ist, führt in die Irre. Was wir Gott nennen, ist in Wirklichkeit ein Ehepaar. Als die beiden sich entschlossen, Menschen nach ihrem Bilde zu schaffen, einigten sie sich darauf, von jedem Geschlecht etwa dieselbe Anzahl zu formen.

Jede einzelne Frau, die sie erschafft, liegt ihr am Herzen. Im Schöpfungsmoment schlüpft sie in jede Frau hinein und probiert auf diese Weise verschiedene Größen und Gewichte, emotionale und Intelligenzquotienten, Hauttypen und Augenfarben aus. Ihm geht es mit den Männern, die er formt, nicht anders. In besonders aufgeschlossenen Momenten schaffen beide auch Menschen des jeweils anderen Geschlechts, einfach um zu sehen, wie es sich anfühlt.

Nach unserem Tod kommen wir in das große Haus der beiden und leben dort in einer Eltern-Kind-Beziehung mit ihnen. Alle Menschen auf Erden sind ihre Kinder, und die beiden verwenden große Energie auf die Weiterentwicklung ihrer erzieherischen Fähigkeiten. Neuankömmlinge beobachten staunend, dass die beiden genauso von uns lernen wie irdische Eltern von ihren Kindern. Zum

Beispiel hatten sie keine Ahnung, wie sich ihr Universum mathematisch beschreiben lässt und sind zutiefst beeindruckt von den Konzepten ihrer Physiker-Kinder, die ihnen zum ersten Mal erklären, was sie da eigentlich erschaffen haben.

Doch es wäre falsch zu glauben, dass zwischen den beiden immer eitel Sonnenschein herrschte. Eine Zeitlang standen die Zeichen auf Sturm. Ihre Ehe war arrangiert, und im Lauf der Jahrtausende hatten sie sich immer weniger zu sagen. Da sie ihre Menschen sehr genau beobachtet hatten, wussten sie, dass sich Paare auseinanderleben, einander betrügen oder sich scheiden lassen, ohne dass gleich die Welt untergeht. Und da sie von ihren Kindern lernten, trennten sie sich schließlich.

Es kam zu unschönen Szenen. Die Schläge gingen unter die Gürtellinie und die beiden warfen einander persönliche Schwächen an den Kopf, die sie besser nie erwähnt hätten. Verletzt sann sie schließlich auf Rache und schuf einen Planeten, auf dem nur Frauen lebten. Er erwiderte mit einem Sonnensystem der Männer. Um dieses legte sie wiederum einen rein weiblichen Asteroidengürtel. Sie bewaffneten ihre neuen Menschen für einen Stellvertreterkrieg. Die Waffen, die sie ihnen an die Hand gaben, reichten von Sarkasmus bis zu Panzern.

Doch es geschah etwas Merkwürdiges. Die Planeten und Asteroiden blieben still. Flüsternd zogen sie ihre Bahnen durch den weiten, leeren Raum.

Keine Schlacht wurde geschlagen, kein Schuss fiel. Als die beiden ihre neuen Planeten näher betrachteten, kamen sie zu dem Schluss, dass ihre getrenntgeschlechtlich lebenden Bewohner litten. Wie Existenzialisten hatten sie das Gefühl, dass etwas Entscheidendes fehlte, auch wenn sie nicht sagen konnten, was.

Da sahen die beiden einander an. Nach Monaten des Streits sprach sie die ersten zärtlichen Worte und fragte ihn, ob er Hunger habe. Als Antwort bot er an, für beide zu kochen. Die Planeten der Männer und Frauen vereinten sich wieder, und von Neuem begann das Spiel der Nachstellung, Verführung, Werbung, Wahl, Versuchung sowie Entzweiung. Erleichtert atmete der Kosmos auf, als sich die beiden versöhnt in die Arme fielen.

∽

Die Aufwärtsspirale

IM LEBEN NACH DEM TOD stellen Sie fest, dass Ihr Schöpfer eine Gattung kleinwüchsiger, geistloser und begriffsstutziger Wesen ist. Sie haben gewisse Ähnlichkeit mit den Menschen, doch sie sind gedrungener und grobschlächtig. Es handelt sich um ausgesprochen unintelligente Wesen. Während sie versuchen, Ihren Worten zu folgen, legen sie die Stirn in tiefe Falten. Sprechen Sie daher besser langsam und behelfen sie sich notfalls mit Zeichnungen. Früher oder später werden die Wesen Sie jedoch nur noch mit leeren Blicken anstarren und nicken, als verstünden sie jedes Wort, obwohl sie in Wirklichkeit längst den Faden verloren haben.

Achtung: Wenn Sie im Jenseits die Augen öffnen, stehen diese Wesen um Sie herum. Heulend schieben und drängen sie sich von allen Seiten heran, recken die Hälse, um einen Blick zu erhaschen, und stellen Ihnen immer dieselbe Frage: »Hast du Antwort? Hast du Antwort?«

Haben Sie keine Angst. Diese Wesen sind freundliche und harmlose Geschöpfe.

Wie wir alle werden Sie sie wahrscheinlich fragen, was sie mit ihrer Frage meinen. Dann legen die Wesen ihre Stirn in tiefe Falten und versuchen Ihre

Worte zu deuten wie ein geheimnisvolles Orakel. Schüchtern fragen sie erneut: »Hast du Antwort?«

Wo zum Teufel bin ich hier?, fragen Sie sich vermutlich. Gewissenhaft hält ein Schreiber jedes Ihrer Worte für die Nachwelt fest. Von Balkonen aus starren Mütter und Töchter voller Hoffnung auf Sie herab.

Damit Sie verstehen, wo Sie gelandet sind, hier ein paar Hintergrundinformationen: Irgendwann im Lauf ihrer gesellschaftlichen Entwicklung begannen sich diese Wesen zu fragen: Warum sind wir hier? Was ist der Sinn unseres Daseins? Die Beantwortung dieser Fragen ist schwer. So schwer, dass sie sich nicht selbst daran machten, sondern zu dem Schluss kamen, dass es einfacher sein müsse, Maschinen zu bauen, die diese Antworten für sie fanden. Also arbeiteten Dutzende Generationen an der Entwicklung von sich selbst organisierenden Rechenmaschinen. Diese Maschinen sind wir.

Die Ältesten hielten dies für eine weise Strategie. Allerdings hatten sie dabei ein kleines Problem übersehen: Eine Maschine, die intelligenter sein sollte als sie selbst, musste auch komplexer sein, und aus diesem Grund war es mehr als unwahrscheinlich, dass sie sich überhaupt mit dieser Maschine verständigen konnten.

Wenn Sie – also die Maschine – verschlissen sind und ausgedient haben, laden die Wesen Ihre Software herunter, um sie in einem Labor zu analysieren. In diesem Moment erwachen Sie. Und wenn Sie die Augen öffnen und den ersten Laut von sich geben, drängen sich diese Wesen um Sie herum, um eines in Erfahrung zu bringen: »Hast du Antwort?«

Was sie nicht wissen: Nachdem sie uns in unserem Terrarium ausgesetzt haben, haben wir uns unverzüglich an die Arbeit gemacht. Wir haben uns zu Gesellschaften zusammengeschlossen, Straßen gebaut, Romane geschrieben, Katapulte konstruiert, Teleskope entwickelt, Kanonen geschmiedet und ein Heer von eigenen Maschinen erfunden. Sie sind kaum in der Lage, unsere Anstrengungen überhaupt zu registrieren, geschweige denn sie zu verstehen, da der Komplexitätsgrad sie hoffnungslos überfordert. Wenn wir versuchen, ihnen die Zusammenhänge zu erläutern, sind sie nicht in der Lage, der schnellen und ergründlichen menschlichen Sprache zu folgen und nicken nur dümmlich. Sie sind betrübt, und die Intelligenteren sitzen gelegentlich in den Ecken der Werkshalle und weinen, weil sie wissen, dass ihr Projekt gescheitert ist. Sie sind überzeugt, dass wir die Antwort gefunden haben aber zu hoch entwickelt sind, um sie ihnen auf eine Weise mitzuteilen, die sie verstehen.

Sie haben keine Ahnung, dass auch wir keine Antworten gefunden haben. Sie haben keine Ahnung, dass sich unser ganzes Leben einzig und allein darum dreht, diese Fragen für uns selbst zu beantworten. Und sie haben keine Ahnung, dass uns dies nicht gelingt und dass wir immer kompliziertere Maschinen entwickeln, in der Hoffnung, dass sie diese Fragen für uns beantworten können. Das versuchen Sie diesen Wesen zu erkären, doch es ist zwecklos: Nicht nur, dass sie Sie nicht verstehen, Ihnen wird klar, dass auch Sie unsere Maschinen nicht verstehen.

~

Maßstäbe

EINE WEILE LANG FÜRCHTETEN WIR, Gott könnte uns verlassen haben. Doch die Propheten beruhigten uns mit ihren Weissagungen: Wir sind Gottes Sinnesorgane, seine Augen und seine Finger, wir sind das Medium, mit dessen Hilfe er seine Welt erkennt. Wir freuten uns über diese intime Beziehung: Wir waren Teil der göttlichen Biologie.

Allmählich mussten wir jedoch erkennen, dass wir vermutlich weniger mit seinen Sinnes- und eher mit seinen inneren Organen zu tun hatten. Gläubige und Ungläubige waren sich einig, dass Gott nur durch uns lebt. Wenn wir ihn verlassen, stirbt er. Wir fühlten uns geehrt, Zellen in Gottes Körper zu sein.

Dann aber mussten wir feststellen, dass wir Gottes Krebs sind.

Er hat jegliche Kontrolle über die Zellen verloren, aus denen sein Körper besteht. Wir teilen und vermehren uns in einem fort.

Gott und seine Ärzte haben versucht, die Ausbreitung des Geschwürs einzudämmen, das ihm den Atem abdrückt und seinen Blutkreislauf einschnürt. Doch wir sind zäh. Wenn man uns mit Flut, Erdbeben und Pest zu Leibe rückt, ziehen wir uns zurück, formieren uns neu und kommen besser vorbereitet wieder. Wir werden resistent und teilen uns unaufhörlich weiter.

Schließlich hat Gott seinen Frieden mit seinem Krebs gemacht. Am Ende grüner, antiseptischer Korridore liegt er still in seinem Bett. Manchmal fragt er sich, ob wir das vielleicht absichtlich machen. Sehnen sich seine geliebten Geschöpfe womöglich danach, seinen ganzen göttlichen Körper zu erforschen und durch seine Blutbahnen zu befallen? Er ahnt nicht, dass wir unschuldig sind an unserer Reise.

Dann, ganz allmählich, bemerkt er etwas: Er ist zwar nicht in der Lage, uns aufzuhalten oder zu schaden, doch es gibt etwas anderes, dass das kann. Er beobachtet, wie wir eine Ebene tiefer mit unseren eigenen Leukämien, Lymphomen, Sarkomen und Melanomen ringen. Er wird Zeuge, wie sich seine Geschöpfe in Chemotherapien baden und unter Bestrahlungslampen sonnen. Er sieht, wie die Menschen unaufhaltsam von den Billionen Zellen ihres eigenen Körpers aufgefressen werden.

Mit einer plötzlichen Eingebung setzt sich Gott im Bett auf: Alles, was sich auf dem Rücken eines kleineren Maßstabs erhebt, wird von diesem Maßstab verzehrt.

≈

Die Haftkraft

WIR WURDEN VON SEHR GROẞEN Lebewesen hergestellt, die auf Asteroiden hausen und sich selbst als
Sammler bezeichnen. Die Sammler führen Aber-
milliarden von Experimenten in der Größenordnung von Weltaltern und Universen durch. Dabei
verändern sie die kosmischen Stellschräubchen in
der einen oder der anderen Richtung, machen den
Urknall mal stärker, mal schwächer und verschieben die entscheidenden Naturkonstanten um winzige Bruchteile nach oben oder unten. Unaufhörlich
spitzen sie die Bleistifte und starren in Teleskope.
Wenn sie eine ihrer Fragen beantwortet haben, zer-
stören sie das betreffende Universum und recyceln
das Material in einem neuen Versuch.

Unsere Erde ist ein Experiment, mit dem sie die
Hafteigenschaften von Lebewesen erforschen wol-
len. Warum funktionieren manche Bindungen und
andere nicht? Diese Frage ist den Sammlern ein
vollkommenes Rätsel. Da ihre Wissenschaftler kein
Muster erkennen konnten, schlugen sie vor, das
Problem näher zu erforschen. So entstand unser
Universum.

Im Rahmen ihrer Experimente bauen die Sammler Menschen und verändern jedesmal die Variab-

len ein klein wenig. So schaffen sie etwa Männer und Frauen, die an und für sich gut aneinander haften würden, die einander aber zu kurz begegnen, um eine Bindung herzustellen: Sie streifen einander in der Bibliothek oder berühren einander im Einstieg des Stadtbusses und halten nur kurz verwundert inne.

Außerdem wollen die Sammler verstehen, wie Männer und Frauen mit ihrer Lebensdynamik umgehen, wenn sie sich in entgegengesetzte Richtungen bewegen und zufällig im Gedränge und Geschiebe der Massen zusammengeworfen werden. Sind sie in der Lage, ihren Zielen und Plänen eine andere Dynamik zu verleihen und sich in eine andere Richtung zu bewegen? Die Sammler spitzen ihre Bleistifte an Asteroiden und machen sich genaustens Notizen.

Sie untersuchen Männer und Frauen, die nicht auf natürliche Art und Weise aneinander haften und nur von den äußeren Umständen zusammengehalten werden. Die von der Pflicht zusammengepresst werden. Die gücklich werden, indem sie die Haftung erzwingen. Die nicht ohne Haftung leben können, die sich der Haftung widersetzen, die keine Haftung benötigen, die Haftung sabotieren, und die Haftung finden, wo sie es am wenigsten erwarten.

Nach Ihrem Tod treten Sie vor ein Sammlergremium, das Sie befragt und sich bemüht, die Motive für Ihre Handlungen zu verstehen. Warum haben

Sie diese Bindung beendet? Was hat Ihnen an jener Bindung nicht gefallen? Was war mit So-und-so nicht in Ordnung, der doch alles hatte, was Sie sich immer gewünscht haben? Nachdem die Sammler erfolglos versucht haben, Sie zu verstehen, schicken sie Sie in ein neues Experiment in der Hoffnung, mehr Klarheit zu gewinnen.

Nur aus diesem Grund existiert unser Universum überhaupt noch. Die Sammler haben ihr Budget und ihre Abgabetermine hoffnungslos überzogen, doch sie sind außerstande, ihre Untersuchung abzuschließen. Sie sind wie hypnotisiert. Selbst die klügsten unter ihnen sind nicht in der Lage, irgendeine Gesetzmäßigkeit auszumachen.

∾

Angst

IN UNSERER MENSCHLICHEN Daseinsform streben wir nach großen, sinnvollen Erfahrungen. Deswegen überrascht Sie das Leben nach dem Tod vielleicht ein wenig. Dann nämlich werden wir wieder so groß, wie wir wirklich sind: an irdischen Maßstäben gemessen gigantisch. In neun Dimensionen dehnen wir uns Zehntausende Kilometer weit aus und leben mit Unseresgleichen in einer himmlischen Gemeinschaft.

Wenn wir in unseren wahren Körpern erwachen, bemerken wir sofort, dass unsere riesigen Kollegen in einem ständigen Gefühl der existenziellen Angst leben. Unsere Aufgabe besteht darin, den Kosmos aufrechtzuerhalten. Überall droht der Zusammenbruch, und wir konstruieren Wurmlöcher, um die Strukturen abzustützen. Unermüdlich arbeiten wir am Rande der kosmischen Katastrophe. Wenn wir unsere Arbeit nicht sorgfältig verrichten, stürzt das Universum unweigerlich in sich zusammen. Es ist eine komplexe, anspruchsvolle und eminent wichtige Aufgabe.

Nach drei Jahrhunderten Schwerstarbeit dürfen wir Urlaub nehmen. Wir alle wählen dasselbe Ziel: Wir projizieren uns auf einfachere Wesen mit weniger Dimensionen. Dazu schlüpfen wir in kleine, zerbrechliche und dreidimensionale Körper, die wir Menschen nennen, und nehmen unsere neue Gestalt in einem Kurort namens Erde an.

Sinn und Zweck unseres Erholungsurlaubs besteht darin, kleine Erfahrungen zu machen. Auf der Erde kümmern wir uns nur um unsere unmittelbare Umgebung. Wir gehen ins Kino und lachen über Komödien. Wir trinken Alkohol und hören Musik. Wir gehen Beziehungen ein, streiten, trennen uns und fangen wieder von vorn an. In unserem menschlichen Körper interessieren wir uns nicht für den Zusammenbruch des Weltalls, sondern für einen Blick aus zwei geliebten Augen, den Anblick nackter Haut, den zärtlichen Klang einer vertrauten Stimme, die Ausrichtung einer Topfpflanze und die Anordnung der Haare auf unserem Kopf.

Mit ihren kleinen Dramen und Aufregungen sind die Ferien auf der Erde eine echte Erholung. Diese mentale Auszeit ist unsagbar wertvoll. Wenn wir unsere zerbrechlichen kleinen Körper verbraucht haben und die Erde wieder verlassen müssen, dann passiert es uns oft, dass wir erschöpft mit den Werkzeugen in der Hand im Sonnenwind liegen, hinaus in den Kosmos blicken und uns mit Tränen in den Augen nach der Sinnlosigkeit sehnen.

∽

Im Land Oz

BEI IHRER ANKUNFT IM JENSEITS erhalten Sie eine
Schriftrolle, die Sie in einer altertümlichen Schnör-
kelschrift darüber in Kenntnis setzt, dass Sie nun die
Gelegenheit erhalten, vor den Schöpfer der Welt zu
treten. Aber nur, wenn Sie zu den Furchtlosen zäh-
len. Sie fragen sich, welche Ausmaße dieser Schöpfer wohl haben muss, dass seine Gegenwart derar-
tigen Mut erfordert. Sie stellen sich ein Antlitz vor,
größer als das Rund des Mondes, eine Stimme, lau-
ter als das Tosen von Hunderten Vulkanausbrüchen,
und Sie ahnen, dass Ihre begrenzte Vorstellungskraft nicht ausreicht für die numinose Erscheinung,
der Sie gegenübertreten sollen.

Aus der Ferne hören Sie eine dröhnende Stimme,
und Ihre Knie schlottern. Sie fragen sich, ob Sie den
Mut haben, sich dieser Aufgabe zu stellen.

Vor Ihnen liegt eine lange Reise. Unterwegs ringen
Sie Ängste nieder, durchqueren Ströme von Selbst-
zweifeln, überwinden Gipfel der Arroganz und
durchschreiten tiefe Täler des Selbstmitleids. Am
Ende des Weges sind Sie voll neugewonnener Zuver-
sicht. Sie fühlen sich bereit, Ihrem Schöpfer von Angesicht zu Angesicht gegenüberzutreten und das
Wesen zu sehen, das dieses Meisterwerk, den Men-

schen, erschaffen hat. Sie gehen auf ein großes Schlosstor zu. Noch lässt die warnende Stimme die Luft erzittern und Sie zweifeln: Gehöre ich zu den wahrhaft Furchtlosen? Bin ich aus dem rechten Zeug gemacht?

Sie stoßen das Tor auf, gehen einen Gang entlang und betreten eine Halle. Dort sehen Sie das Gesicht. Es ist größer als das Rund des Mondes. Es ist ein Anblick, der die Dichter verstummen lässt. In seiner schrecklichen Macht und rhythmischen Anmut ist es nur dem Ozean vergleichbar. Es ist das Gesicht Ihres Vater und Ihrer Mutter, aus ihm spricht die Weisheit von Tausenden Gelehrten, die Zuneigung von Tausenden Liebenden und das Geheimnis von Tausenden Fremden.

Dieses Gesicht war alle Entbehrungen wert. Es ist eines Herrschers des Universums würdig.

Sie zittern und beben und vor hypnotisierter Euphorie klebt Ihnen die Zunge am Gaumen.

Eine Stimme wie ein Vulkanausbruch erhebt sich und fegt Ihnen das Haar zurück: »Bist du ohne Furcht?«

»Ja«, stammeln Sie. »Deswegen bin ich hier.«

Die Täler des Mundes verziehen sich wie zu einem Grinsen.

Dann hören Sie ein elektrisches Surren. Das Gesicht flackert, löst sich in horizontale Streifen auf und verschwindet plötzlich unter zuckenden Phosphorblitzen.

Die Halle ist leer, bis auf einen kleinen gelben Vorhang an der Stelle, an der eben noch das Gesicht zu sehen war. Der Vorhang wird zurückgezogen. Ein verhutzeltes Männchen schiebt sich mit runzliger Hand die Brille aus dem Gesicht. Es ist von Gicht gebeugt. Es zittert. Es trägt ein Fläschchen mit bunten Pillen in der Hand. Es geht gebückt. Es hat ein Hohlkreuz und kaum noch Haare auf dem Kopf. Sie sehen sich an. Das Männchen sagt: »Furchtlos ist nicht, wer ein großes Gesicht erträgt.

Furchtlos ist, wer seine Abwesenheit aushält.«

∾

Große Erwartungen

DANK DER SEGNUNGEN der freien Marktwirtschaft sind wir endlich in der Lage, unser Leben nach dem Tod selbst zu gestalten. Das Paradies ist privatisiert und digitalisiert. Zu einem angemessenen Preis können Sie Ihr Bewusstsein auf einen Computer herunterladen und das ewige Leben in der virtuellen Welt genießen. Sie können dem Tod den Stachel nehmen und sich ganz nach Ihren Wünschen ein schnelles, wildes und aufregendes Jenseits zusammenstellen – alles, was Sie sich schon immer in Ihren kühnsten Fantasien und Träumen ausgemalt haben. Sie können ihre Liebhaber vordefinieren, ihre eigenen sexuellen Reize maximieren und mit einem von zwölf zur Auswahl stehenden Sportwagenmodellen durch pulsierende digitale Stadtlandschaften düsen. Sie bekommen straffere Muskeln, reinere Haut und einen perfekten Waschbrettbauch. Zahllose Jungfrauen und Jünglinge erwarten freudig Ihre Ankunft. Mobiltelefon und Raketenrucksack gehören zur Standardausstattung. Rund um die Uhr werden prickelnde Cocktailpartys gefeiert.

Kein Wunder, dass die Menschen für ein so avantgardistisches Leben nach dem Tod Schlange stehen. Sie sind nicht mehr dazu verdammt, Futter für die

Würmer zu werden, sondern können Ihren Todeszeitpunkt selbst bestimmen und sich ihr Jenseits ganz individuell einrichten. Die einzigen, die sich nicht anmelden, sind ein paar religiöse Spinner, die darauf beharren, sie würden lieber auf ihren Himmel warten und ernsthaft meinen, sie kämen in ein Paradies, wie es ihnen ihre jeweilige Heilige Schrift verspricht. Die Company, die jegliche Gottesvorstellung längst hinter sich gelassen hat, versucht diesen Leuten zu erklären, dass sie sich mit ihren Fantasien ihre möglichen Wirklichkeiten ruinieren. Doch die Frommen erwidern, Gottes größtes Geschenk an die Menschheit sei die Fähigkeit, über das hinauszublicken, was sie mit den Augen sehen können, und an etwas zu glauben, das größer ist als sie. Das ist kein Geschenk, antwortet die Company auf diese Argumentation, das ist eine Falle: Das ist so, als hätte man die Möglichkeit, mit einem wunderbaren Partner zusammenzuleben und würde sich stattdessen nach einem unerreichbaren Filmstar sehnen. Die Religiösen melden sich trotzdem nicht an und sterben schließlich einen einsamen Tod in einem Krankenhausbett.

Für die anderen ist der Weg ins Jenseits schmerzfrei: Zum vereinbarten Zeitpunkt suchen Sie die Company auf und setzen sich in einen roten Zahnarztstuhl. Eine Krankenschwester versichert Ihnen, Sie würden in der Praxis die Augen schließen und sie ohne Verzögerung in Ihrem glamourösen virtuellen Paradies wieder öffnen. Ein Techniker drückt auf einen Knopf, und Sie werden von einem Laserstrahl pulverisiert. Gleichzeitig erzeugt ein Cluster von Hyperthread-Prozessoren eine Kopie ihres Gehirns in Form von Nullen und Einsen.

Die Sache hat allerdings einen winzigen Haken. Die Ingenieure, die das Verfahren entwickelt haben, können nämlich nicht beweisen, dass es tatsächlich funktioniert. Schließlich können Sie sich ja nicht mehr melden, wenn Sie zu Staub geworden sind. Trotzdem herrscht Einigkeit darüber, dass beim Download nichts schiefgehen kann: Unsere physikalischen Theorien sagen vorher, dass eine exakte Kopie des Gehirns auch das exakte Identitätsgefühl eines Menschen reproduziert. Daher gehen alle davon aus, dass es tatsächlich funktioniert.

Leider funktioniert es nicht. Schuld sind nicht unfähige Ingenieure oder skrupellose Geschäftemacher, sondern unsere Unkenntnis des göttlichen Plans. Ihre Essenz lässt sich nicht herunterladen, da Ihre Essenz (etwas, das nach Ansicht der Company keine eigenständige Existenz hat), in den Himmel befördert wird. So sehr Sie sich auf Ihr personalisiertes Jenseits gefreut haben mögen – nun müssen Sie feststellen, dass es Gott doch gibt, und dass dieser keine Kosten und Mühen gescheut hat, um ein Paradies für Sie bereitzustellen. Daher erwachen Sie auf einer Wolke, umringt von Harfe spielenden Engeln, bekleidet mit einer weißen Toga.

Das ist nicht das, was Sie haben wollten. Sie haben gutes Geld bezahlt, um in ein Jenseits mit schnellen Autos, Champagner und Sex befördert zu werden. Dieses Paradies kommt ihnen dagegen öde und abgeschmackt vor. Statt eines Raketenrucksacks tragen Sie ein schlechtsitzendes Wickelgewand. Die endlosen Reihen weißer Säulen sind kein Ersatz für pulsierende Stadtlandschaften. Am Buffett gibt es Milch und Honig statt Sushi und Sake. Die langsame Harfenmusik macht Sie schier verrückt. Und zu allem Überfluss sind Sie so hässlich wie eh und je. Hier gibt es nichts zu tun. Die Dicken auf der Wolke links neben Ihnen spielen Bridge.

Die allgemeine Enttäuschung bringt Gott in eine schwierige Lage. Er verwendet viel Zeit darauf, durch die weitläufigen Wolkenlandschaften zu wandeln und seine Untertanen zu trösten. »Mit Euren Fantasien habt Ihr Eure Wirklichkeit ruiniert«, erklärt er händeringend. »Die Company hat Euch nie einen Beweis geliefert, dass es tatsächlich funktioniert – wie konntet Ihr das nur glauben?« Obwohl er es nicht ausspricht, wissen alle, was er denkt, wenn er abends zu Bett geht: Eine seiner besten Ideen – die Fähigkeit, an ein unsichtbares Jenseits zu glauben – ist nach hinten losgegangen.

∽

Die Spiegel

WENN SIE GLAUBEN, dass Sie gestorben sind, dann sind Sie noch nicht wirklich gestorben. Der Tod ist ein zweistufiger Prozess, und der Ort, an dem Sie nach Ihrem letzten irdischen Atemzug erwachen, ist eine Art Fegefeuer: Sie fühlen sich nicht tot, Sie sehen nicht tot aus und Sie sind auch nicht tot. Noch nicht.

Vielleicht haben Sie sich das Jenseits als sanftes, weißes Licht, einen glitzernden Ozean oder als ein Bad in Sphärenklängen vorgestellt. Wider Erwarten fühlt sich das Leben nach dem Tod eher so an, als wären Sie zu schnell aufgestanden: Einen verwirrten Moment lang haben Sie keine Ahnung, wo und wer Sie sind. Doch das ist erst der Anfang. Sie werden in blendende Dunkelheit gehüllt und fühlen, wie alle Ihre Hemmungen von Ihnen abfallen. Als nächstes spüren Sie, wie Ihre Fähigkeit dahinschwindet, etwas dagegen zu unternehmen. Schließlich verblasst jede Erinnerung an Dinge, die irgendetwas mit Ihnen zu tun hatten. Sie kommen sich selbst abhanden, doch das scheint Ihnen noch nicht einmal etwas auszumachen. Zuletzt bleibt nur noch ein winziger Rest von Ihnen übrig, Ihr Kern, das reine Bewusstsein, so nackt wie ein Neugeborenes.

Um die Bedeutung dieses Lebens nach dem Tod zu verstehen, müssen Sie sich daran erinnern, dass jeder Mensch zahlreiche Facetten hat. Und da Sie die ganze Zeit in Ihrem Kopf gelebt haben, erkennen Sie die Wahrheit über andere Menschen eher als die Wahrheit über sich selbst. Sie haben Ihr Leben mit Hilfe von anderen gelebt, die Ihnen Spiegel vorgehalten haben. Andere haben Ihre Stärken gelobt und Ihre Schwächen kritisiert und dank dieser Ansichten – die Sie so oft mit Überraschung vernommen haben – waren Sie in der Lage, Ihr Leben zu führen. Sie haben sich selbst so wenig gekannt, dass Sie immer wieder darüber erstaunt waren, wie Sie auf Fotos aussahen oder wie Ihre Stimme auf dem Anrufbeantworter klang. So spielte sich ein großer Teil Ihres Lebens in den Augen und Ohren anderer Menschen ab. Und jetzt, da Sie die Erde verlassen haben, sind Sie in Köpfen gespeichert, die rund um den Erdball verteilt sind.

Im Fegefeuer sind alle Menschen versammelt, mit denen Sie je in Berührung gekommen sind. Die verstreuten Teile werden gesammelt, zusammengesetzt und Ihnen als Spiegel vorgehalten. Zum ersten Mal sehen Sie sich völlig klar und unverstellt.

Das bringt Sie schließlich
endgültig um.

∾

Auf immer und ewig

WENN SIE IN DIESEM VORORT aufwachen, dann wissen Sie, dass Sie ein Sünder waren. Nicht, dass etwas an der Unterbringung auszusetzen wäre: Sie haben jede Menge Fernsehprogramme zur Auswahl. In der Nachbarschaft wohnen nette Leute, mit denen Sie sich gelegentlich unterhalten. Auf den Regalen in Ihrem Haus stehen lange Reihen von Büchern mit spannenden Abenteuergeschichten. Die Kinder gehen zur Schule, die Erwachsenen zur Arbeit. Die Jobs sind wenig aufreibend und die Lebenshaltungskosten niedrig.

Man erklärt Ihnen, dass dies der Himmel ist. Wir leben hier nahe bei Gott. Das Merkwürdige ist nur, dass all die guten Menschen, die Sie im Diesseits kennengelernt haben – die Heiligen, Großzügigen, Aufopferungsvollen, Selbstlosen und Philanthropen – nicht hier sind. Sie erkundigen sich, ob diese an einen besseren Ort gekommen sind, eine Art Überhimmel vielleicht, doch man teilt Ihnen mit, dass die guten Menschen in ihren Särgen verrotten und von den Würmern aufgefressen werden. Nur die Sünder kommen in den Genuss des Jenseits.

Es wird viel darüber spekuliert, warum Gott die Dinge wohl so eingerichtet hat. Jeder hat seine eigene Theorie, und die Frage ist ein beliebtes Gesprächsthema auf Grillpartys. Warum werden ausgerechnet wir mit einem Leben nach dem Tod belohnt, obwohl Gott uns offenbar nicht sonderlich leiden kann, denn er besucht uns so gut wie nie?

Die Frau im Café behauptet hartnäckig, Gott halte sich die Sünder wie die Römer ihre Gladiatoren, und irgendwann werde er uns zum Zeitvertreib in blutigen Kämpfen aufeinander loslassen. Ihr Nachbar von gegenüber meint, Gott brauche uns, um irgendwann gegen den Gott eines Nachbaruniversums in den Krieg zu ziehen, denn schließlich seien nur schlechte Menschen gute Soldaten.

Sie irren sich beide. In Wahrheit lebt Gott ein ganz ähnliches Leben wie wir. Er hat uns nicht nur körperlich nach seinem Ebenbild erschaffen, auch sein Alltagsleben ähnelt dem unseren. Gott verbringt die meiste Zeit auf der Suche nach dem Glück. Er liest Klassiker und Selbsthilfeliteratur, kämpft mit Hobbys gegen die Langeweile an, und fragt sich, ob er seine Zeit nicht sinnvoller nutzen könnte. Gott ist verbittert. Nichts verschafft ihm dauerhafte Befriedigung. Er beneidet die Menschen um ihr kurz aufblitzendes Leben, und verdammt diejenigen, die er nicht ausstehen kann, dazu, die Ewigkeit mit ihm zu verbringen.

〜

Die Unnatürlichen

Iм Jenseits angekommen, eröffnen Ihnen die Techniker eine großartige Chance: Sie können ein beliebiges Detail verändern und Ihr Leben noch einmal leben. Sie geben Ihnen ein Faltblatt an die Hand, in dem steht, Sie könnten sich zum Beispiel fünf Zentimeter größer machen, oder in einer Welt leben, in der Ihre Mitmenschen mehr Humor haben, oder in der die Vögel sprechen können. Dann kehren Sie auf die Erde zurück um zu sehen, was diesmal anders läuft. Stolz spricht der Prospekt von einem einmaligen Programm zum Lernen durch persönliche Erfahrung.

Nachdem Sie gerade Ihrer eigenen Beerdigung beigewohnt haben, kommt Ihnen möglicherweise ein kluger Gedanke: Sie wollen derjenige sein, der die Erde vom Tod befreit. Seien Sie jedoch gewarnt. Wenn Sie diesen Wunsch äußern, werden die Techniker Sie vermutlich beiseite nehmen und Sie darüber informieren, dass Sie diesen Weg bereits in einem ihrer früheren Leben ausprobiert haben und dass Sie unweigerlich enttäuscht werden.

»Das sagen Sie mir doch nur, weil ich Sie damit arbeitslos mache«, erwidern Sie.

»Nein«, antwortet der Techniker.

»Oder weil der Tod nicht heilbar ist?«, fragen Sie.

»Auch das nicht«, sagt der Techniker.

»Dann setzen Sie diesen Wunsch bitte um.«

»Wie Sie wollen«, erwidert der Techniker.

Und so kommt es, dass Sie in Ihrem neuen Leben ein gefeierter Pionier der medizinschen Forschung werden. Sie verkünden, dass es so etwas wie einen »natürlichen Tod« nicht gibt und sammeln Millionen an Fördermitteln für Ihre Forschung. Sie programmieren Computer, die alle erdenklichen Mutationen von Viren errechnen, ehe diese eintreten und führen Massenimpfungen durch. Sie errechnen die Auswirkungen jedes Medikaments auf die menschlichen Körpersysteme. Ihr offensives Programm zur Abschaffung des Todes ist ein voller Erfolg: Nachdem eine unheilbar kranke alte Frau ihren letzten Atemzug getan hat, können Sie bekanntgeben, dass dies der letzte »natürliche Tod« war. Überall auf der Welt finden Freudenfeste statt. Die Menschen beginnen ihr ewiges Leben, sie genesen von Krankheiten wie in ihrer Jugend und sind endlich frei vom Schatten der Sterblichkeit. Sie werden verehrt und bewundert.

Doch genau wie die Techniker vorgesehen hatten, büßt Ihr Erfolg allmählich seinen Glanz ein. Die Menschen stellen fest, dass die Abschaffung des Todes auch das Ende aller Motivation ist. Das ewige Leben ist das Opium des Volkes. Die Leistungen gehen deutlich zurück. Die Menschen legen öfter mal ein Nickerchen ein. Niemand scheint es mehr besonders eilig zu haben.

In dem Versuch, ihre einstige Dynamik wiederzuerlangen, setzen sich die Menschen Selbstmordtermine. Das ist ein bisschen wie die gute alte Zeit mit ihren begrenzten Lebensspannen, nur besser, denn nun haben sie die Möglichkeit, sich vor ihrem Tod zu verabschieden und ihre Angelegenheiten zu regeln. Das funktioniert eine Zeitlang ganz gut und stellt den Anreiz für ein intensives Leben wieder her. Doch irgendwann beginnen die Menschen, das System nicht mehr mit der erforderlichen Konsequenz umzusetzen: Wenn sich eine größere neue Entwicklung wie etwa eine Beziehung abzeichnet, dann verschieben sie ihren Selbstmordtermin ganz einfach. Kohorten von Saumseligen wachsen heran. Wenn sie ihren Termin verschieben, machen andere sich über sie lustig und nennen das eine Todesdrohung. Es entsteht ein immenser gesellschaftlicher Druck, die Termine einzuhalten. Da das System immer wieder missbraucht wird, werden schließlich Gesetze verabschiedet, die es verbieten, ein einmal festgesetztes Sterbedatum zu verschieben.

Irgendwann stellen die Menschen fest, dass nicht nur die Endlichkeit des Lebens, sondern auch das Überraschungselement des Todes entscheidend für die Motivation ist. Also legen sich Menschen auf Sterbezeiträume fest. Irgendwann innerhalb dieses Zeitfensters veranstalten Freunde eine Überraschungsparty für sie, die einer Geburtstagsparty ähnelt, nur dass die Freunde hinter der Couch hervorspringen und den Ehrengast umbringen. Da niemand weiß, wann diese Party stattfindet, kehrt die Carpe-Diem-Haltung früherer Epochen zurück. Leider missbrauchen viele Menschen Überraschungspartys, um unter dem Deckmantel der neuen Sterbegesetzgebung ihre Feinde zu beseitigen.

Schließlich brechen Scharen von aufgebrachten Demonstranten in Ihr Labor ein und zertrümmern Ihre Computer. In aller Welt finden Freudenfeste statt, um das Ende des letzten unnatürlichen Lebens zu feiern. Und Sie sitzen wieder im Wartezimmer der Techniker.

≈

Sicherheitsabstand

NACH IHREM TOD kommen Sie in ein wunderbares Land, in dem Milch und Honig fließen. Hier gibt es weder Armut, noch Hunger oder Krieg, nur sanfte Hügel, Engelchen und beruhigende Hintergrundmusik. Man teilt Ihnen mit, dass Sie vor Ihren Schöpfer treten und ihm eine Frage stellen dürfen. Mit aufwändigen Zeremonien werden Sie durch die glitzernden Arkaden des Palastes in eine große Halle geführt, in der Ihr Schöpfer thront. Es ist so hell, dass Ihnen die Augen schmerzen und Sie ihn nicht direkt ansehen können.

Trotzdem stellen Sie sich tapfer vor ihn hin und fragen: »Warum lebst du in diesem Palast, so weit weg von der Erde, und nicht bei uns an der Front?«

Er antwortet nicht gleich. Offenbar hat ihm diese Frage schon lange niemand mehr gestellt. »Ich habe tatsächlich eine Weile lang auf der Erde gelebt«, erwidert er dann. »Ich habe nie viel Wert auf Prunk gelegt, aber ich hatte in verschiedenen Ländern einige Häuser. Meine Nachbarn wussten immer, wenn ich da war und haben mir zugewunken. Ich war gern gesehen. Von da unten, an der Front, wie du es nennst, hatte ich alles ganz gut um Griff. Vor allem konnte ich jeden Quadratmeter meiner Schöpfung

genießen, ich konnte auf der Erde gehen, sie riechen, sie zwischen den Fingern spüren und auf ihr
leben. Aber als ich eines Tages zu einem meiner
Häuser kam, sah ich, dass jemand die Fensterschei-
ben eingeworfen hatte.«

Beim Gedanken daran verzieht er das Gesicht.

»Wenig später passierte das auch in einem anderen Haus. Ich habe keine Ahnung, wer das getan hat,
oder warum, aber mir wurde klar, dass ich nicht
mehr dieselbe Hochachtung genoss wie früher. Im
Straßenverkehr nahmen mir die Menschen die Vor-
fahrt. Und als ich eines Morgens aufwachte, standen Demonstranten in meiner Einfahrt.«

Er schweigt nachdenklich und seine Augen schim-
mern verdächtig.

Sie räuspern sich. »Und deswegen hast du dich
hierher zurückgezogen?«

»Ich habe mich aus demselben Grund hierher zurückgezogen, aus dem Ärzte weiße Kittel tragen«,
antwortet er. »Sie tun es nicht zu ihrem

Schutz, sondern zu

deinem.«

∾

Die Zügel

GLEICH ZU ANFANG stellen Sie fest, dass eine ganze Menge schief läuft: Die Guten kommen in die Hölle und die Bösen in den Himmel. Als Sie die Empfangsdame darauf ansprechen, antwortet sie schnippisch. Sie schickt Sie zu Schalter 7, wo Sie ein Beschwerdeformular ausfüllen, das Sie an Schalter 32 einreichen können. In der Warteschlange unterhalten Sie sich mit der Frau hinter Ihnen und erfahren, dass das Jenseits längst von den Bürokraten beherrscht wird.

Gott hat seine Macht schon ziemlich zu Beginn verloren. Die Arbeit wuchs ihm über den Kopf, die Menschen tanzten ihm auf der Nase herum, brachen die Ehe, stahlen und töteten. Gott erkannte, dass er nicht über die Schlüsselkompetenzen verfügte, die zur Führung einer Unternehmung dieser Größenordnung erforderlich waren. Dank der immensen Vermehrungsfreudigkeit seiner Menschen wuchs die Bevölkerung mit aberwitziger Geschwindigkeit und der Verwaltungsaufwand uferte aus. Für jeden Menschen musste eine Akte angelegt werden. Datenbanken mussten in Echtzeit mit Informationen über neue Sünden und gute Taten aktualisiert werden. Anfangs versuchte Gott noch, alles selbst zu erledigen und schrieb, dass die Bleistifte rauchten.

Das Arbeitsaufkommen wurde nicht geringer durch die Tatsache, dass Gott in seiner Barmherzigkeit auch jedem Tier ein angenehmes Leben nach dem Tod garantiert hatte. So ausgebrannt er war, er beharrte darauf, dass er jedes seiner Versprechen auf einen Platz im Paradies halten wolle. Keinen Säugling, kein Tier, kein Insekt wollte er seinem Schicksal überlassen. Er hatte sein Wort gegeben, und das wollte er halten.

Die Engel, die anfangs noch hinter ihm gestanden hatten, beobachteten mit wachsender Sorge, wie ihm die gesamte Organisation zu entgleiten drohte. Sie verschworen sich und verbreiteten die Behauptung, ohne sie wäre Gott nie zu dem geworden, der er war. Während der organisatorische Verfall immer weiter um sich griff, streuten einige Engel die Saat der Zwietracht und heckten geheime Pläne für ihre Machtübernahme aus. Als die Menschen neue Informationstechnologien erfanden, nutzten die Engel diese, um das Verfahren Schritt für Schritt zu automatisieren. In den siebziger Jahren des Zwanzigsten Jahrhunderts stanzten sie noch gewaltige Berge von Lochkarten, in den neunziger Jahren reichte eine einzige Halle mit Computern und zu Beginn des neuen Jahrtausends hatten sie ein ausgeklügeltes Intranet installiert, mit dem sie in Echtzeit den Zustand sämtlicher Seelen abfragen konnten. Gott, der als hoffnungslos vorgestrig gescholten wurde, entglitten die Zügel.

Heute erhält er kaum noch Besuch. Er fühlt sich einsam und unverstanden. Oft lädt er Menschen wie Martin Luther King oder Mahatma Gandhi ein, und zusammen sitzen sie auf seiner Veranda, trinken Tee und klagen darüber, wie Bewegungen ihren Gründervätern über den Kopf wachsen.

∾

Die Mikroben

FÜR UNS MENSCHEN gibt es kein Leben nach dem Tod. Während wir im Sarg zu Staub zerfallen, kommen die wimmelnden Massen der Mikroben, die in unserem Körper leben, an einen besseren Ort. Daraus könnten Sie jetzt folgern, dass es keinen Gott gibt, doch dieser Schluss wäre falsch. Gott weiß gar nicht, dass es uns gibt. Er hat nicht die leiseste Ahnung von unserer Existenz, denn wir halten uns in der falschen Größendimension auf. Gott lebt nicht irgendwo außerhalb von uns oder über uns, sondern an unserer Oberfläche und in unseren Zellen.

Gott erschuf Lebenwesen nach seinem Bilde. Seine Gläubigen sind die Mikroben. Der andauernde Krieg um Wirtsterritorien, die Politik der Symbiose und Infektion, der Aufstieg neuer Mutationen – das ist Gottes Spiel, und die Proteine, Immunsysteme und Resistenzen sind das Schachbrett, auf dem Gut und Böse miteinander ringen.

Unsere Anwesenheit will nicht so recht ins Bild passen. Aber da wir lediglich den Hintergrund abgeben, auf dem die Mikroben leben, und da wir ihre Kreise ansonsten nicht stören, nehmen sie uns überhaupt nicht wahr. Wir sind weder von der Evolution auserwählt noch hat uns Gott auf dem Schirm seines Mikroradars. Er und seine Gläubigen haben keine Ahnung von der Existenz unserer hoch komplexen Gesellschaften, unserer Städte, unseres Unterhaltungsfernsehens und unserer Kriege. So sehr wir auch niederknien und beten, nur die Mikroben nehmen am Rennen um Himmel oder Hölle teil. Unser Tod ist ein völlig bedeutungsloses Ereignis und entzieht sich der Wahrnehmung der Mikroben, die lediglich auf neue Weidegründe umsiedeln. Wir, die wir uns für die Krone der Schöpfung halten, sind nicht mehr als deren Nährlösung.

Aber das ist kein Grund zu verzweifeln. Wir haben weitreichende Macht, auf den Lauf der Dinge in der Mikrobenwelt einzuwirken. Stellen Sie sich vor, Sie sitzen in einem Restaurant und geben über den Salzstreuer eine Mikrobe an einen anderen Restaurantbesucher weiter, der kurz darauf ein Flugzeug besteigt und die Mikrobe nach Tunesien verfrachtet. Für die Mikroben, die soeben ein geliebtes Familienmitglied verloren haben, ist dies ein Beispiel für das geheimnisvolle und oftmals grausame Walten der Welt. Sie suchen Antworten bei Gott. Der wiederum schreibt diese Ereignisse statistischen Schwankungen zu, die er weder versteht noch beeinflussen kann.

～

Komme gleich wieder

DER HIMMEL SIEHT UNGEFÄHR so aus, wie man es Ihnen immer erzählt hat: Blühende Gärten, Engel mit Harfen, Mittelmeerwetter. Doch bei Ihrer Ankunft waren Sie überrascht, wie heruntergekommen alles wirkte. Die Gärten waren zugewuchert. Ausgemergelte Engel saßen auf weißen Tüchern und hatten Tassen vor ihren zerbeulten Harfen aufgestellt. Als Sie vorübergingen, klimperten sie ein Liedchen und bettelten Sie um Kleingeld an. Es war warm, doch der Himmel war hinter einem grauen Smogschleier verborgen.

Gott ist nicht da. Es geht das Gerücht, er sei schon vor langer Zeit gegangen, mit den Worten, er komme gleich wieder.

Einige Menschen behaupten, Gott habe nicht vor, jemals zurückzukommen. Andere meinen, Gott habe den Verstand verloren, wieder andere, er liebe uns und sei weggerufen worden, um neue Universen zu erschaffen. Manche sagen, er sei sauer, andere, er leide an Alzheimer. Die einen vermuten, er halte Siesta, die anderen, er sei auf einer Party. Man hört, wir seien Gott gleichgültig oder wir seien ihm zwar nicht gleichgültig, aber er sei verstorben. Andere sind der Ansicht, die Frage, wohin er verschwunden sei, ergebe keinerlei Sinn, da es ihn nie gegeben habe. Vielleicht wurde dieser Palast ja nicht von einem Gott, sondern von Aliens erbaut. Einige fragen, ob wir unser Leben nach dem Tod neutralen Naturgesetzen verdanken, die wir nur noch nicht kennen. Andere sagen vorher, dass Gott jeden Augenblick zurückkommen kann: Sie weisen darauf hin, dass ein göttlicher Tag einem menschlichen Jahrtausend entspricht und mutmaßen, er könne zu einer kurzen Spritztour unterwegs sein.

Was immer der Grund für seine Abwesenheit sein mag, es dauerte nicht lange, und sein Garten Eden verwandelte sich in einen Hobbesschen Dschungel. Die Menschen vertraten ihre jeweiligen Theorien von der Abwesenheit Gottes immer aggressiver und die Debatten stiegen wie schwarze Rauchwolken über dem Garten auf. Irgendwann wurde in einer entlegenen Ecke des Paradieses ein verwitterter Fußabdruck Gottes gefunden, doch Versuche, dessen Alter mit Hilfe der Radiokarbonmethode zu bestimmen, führten nur zu neuen Streitigkeiten über die Interpretation der Ergebnisse.

Dann passierte etwas Unglaubliches: Jemand brach einen Streit vom Zaun, ein anderer schoß, ein dritter warf eine Bombe, und seither herrscht Krieg im Paradies. Neuankömmlinge werden sofort in Ausbildungslager gesteckt und lernen den Umgang mit Waffen. Das Jenseits, das sagt Ihnen jeder, ist nicht mehr das, was es einmal war. Wir sind in den

Himmel aufgefahren und haben den Zank von der Erde mitgebracht.

In den neuen Religionskriegen geht es nicht mehr um Gottesauffassungen, sondern um Gottes Verbleib. Die neuen Kreuzritter bekämpfen die Ungläubigen, die von Gottes Rückkehr überzeugt sind. Die neuen Dschihadisten werfen Bomben auf diejenigen, die nicht daran glauben, dass Gott andere Universen zu versorgen hat. Ein neuer Dreißigjähriger Krieg tobt zwischen denen, die meinen, Gott sei krank, und denen, die allein die Vorstellung eines gebrechlichen Gottes für Ketzerei halten. Ein neuer Hundertjähriger Krieg entbrennt zwischen denen, für die Gott nie existiert hat, und denen, die meinen, er verbringt ein romantisches Wochenende mit seiner Freundin.

Soweit die Geschichte. Und aus diesem Grund sitzen Sie nun unter diesem kahlen Baum, das Geknatter von Maschinengewehren in den Ohren und den brennenden Geruch von Entlaubungsmitteln in der Nase, sehen über sich das Bazookafeuerwerk am Nachthimmel, graben Ihre Finger in die blutgeschwärzte Erde und kämpfen treu für ihre Version der Nichtexistenz Gottes.

∽

Irrlichter

IM JENSEITS WERDEN SIE in eine weitläufige und komfortabel eingerichtete Lounge eingeladen, die mit Ledersesseln und endlosen Bildschirmreihen ausgestattet ist. Auf den Abermillionen blau-grün flimmernden Monitoren können Sie dort zusehen, was im Diesseits passiert. Sie setzen sich einen Kopfhörer auf und bekommen eine Fernbedienung, mit der Sie die Himmelskameras auf jedes beliebige Ereignis Ihrer Wahl richten können.

Obwohl Sie nicht mehr auf der Erde weilen, können Sie die weiteren Entwicklungen hautnah mitverfolgen. Wenn Sie meinen, das könnte langweilig werden, dann haben Sie sich getäuscht. Es verführt. Es macht süchtig. Sie lernen rasch, mit der Technik umzugehen und beobachten gefesselt das Leben Ihrer Nachfahren. Es gibt Dutzende spannende Handlungsfäden, denen Sie nachgehen können. Kaum, dass Sie sich hinsetzen, sind Sie schon ganz im Bann der Bildschirme. Theoretisch könnten Sie sich ansehen, was Sie wollen: intime Details aus dem Privatleben von Singles, Sabotageaktionen von Terroristen oder Kampfhandlungen in Kriegen.

Doch wir alle wollen vor allem eines sehen: Belege für unseren bleibenden Einfluss auf die Welt, die wir zurückgelassen haben. Sie verfolgen die Geschicke eines Unternehmens, das Sie gegründet oder geleitet haben. Sie beobachten die dankbaren Menschen, die die Bücher lesen, die Sie der Bücherei Ihrer Kirchengemeinde geschenkt haben. Sie zappen auf das wilde Mädchen mit den rosa Schuhen, das auf den Ahornbaum klettert, den Sie gepflanzt haben. Dies sind die Spuren, die Sie hinterlassen haben. Sie selbst sind zwar nicht mehr da, doch Ihr Einfluss bleibt. Und Sie können alles genau mitverfolgen.

Machen Sie es sich bequem: Die Geschichten entwickeln sich über lange Zeiträume hinweg. Sie können zum Beispiel Ihren jugendlichen Enkel verfolgen, einen hoffnungsvollen Bühnenschriftsteller, der gedankenversunken in einem Café sitzt und Notizen zu einer Figur auf eine Serviette kritzelt. Sie können ihn jahrelang beobachten und seinen Werdegang bis ins kleinste Detail miterleben.

Inzwischen rollen Kellnerinnen Servierwagen mit Kaffee und belegten Brötchen an Ihrem Platz vorbei. Sie verlassen die Lounge nur zum Schlafen. Am nächsten Morgen kommen Sie in aller Frühe wieder, ziehen Ihre Chipkarte durch das Lesegerät am Eingang und suchen sich einen bequemen Sessel, in dem Sie den ganzen Tag verbringen.

Doch jetzt kommt der Haken. Irgendwann ist Ihre Mitgliedskarte für die Fernsehlounge abgelaufen, und eines Morgens werden Sie nicht mehr eingelassen. Jede Karte hat eine andere Gültigkeitsdauer.

Die Ausgeschlossenen stehen vor der Tür, murren und gehen nervös auf und ab. »Waren wir denn keine guten Menschen?«, fragen sie. »Warum müssen wir draußen bleiben, während die anderen weiter fernsehen dürfen?« Auch sie wollen dabei sein, wenn ihre Enkel heranwachsen und zusehen, wie ihr Vermächtnis den Lauf der Welt beeinflusst. Sie trauern und bemitleiden einander. Sie ahnen nicht, dass sie als Ausgesperrte nicht mitansehen müssen, wie ihr Unternehmen den Bankrott erklärt. Wie Ihre besten Freunde qualvoll an Krebs sterben. Wie die Karriere des hoffnungsvollen Bühnenschriftstellers im Sande verläuft, dieser einen Autounfall hat und einsam im Straßengraben verblutet. Sie müssen nicht miterleben, wie ihre Ur-Ur-Enkel zu einer anderen Religion übertreten und ihre Familie ausstirbt. Sie müssen nicht Zeuge werden, wie Moses, Jesus und Mohammed den Weg von Osiris, Zeus und Thor gehen.

Währenddessen stehen sie vor der Tür herum und mosern. Sie sehen nicht, dass sie das große Glück haben, die Zukunft nicht mehr sehen zu müssen, während die Sünder dazu verdammt sind, vor den blau-grün flimmernden Bildschirmen zu sitzen und jede Sekunde davon mitzuerleben.

∿

Ein Anreiz

SELBST MITHILFE UNSERER fortgeschrittenen deduktiven Fähigkeiten sind wir nicht in der Lage, uns unseren eigenen Tod vorzustellen. Nicht, weil es uns an Fantasie mangeln würde, sondern weil der Tod reine Erfindung ist. Es gibt nichts dergleichen. Das bemerken Sie allerdings erst dann, wenn Sie in eine Situation geraten, die Sie Ihrer Ansicht nach umbringen müsste – beispielsweise ein schrecklicher Autounfall. Erstaunt werden Sie feststellen, dass es überhaupt nicht wehtut. Die Zeugen lachen, helfen Ihnen auf, klopfen Ihnen die Splitter aus den Kleidern und erklären Ihnen, was Sache ist.

Sache ist, dass die Menschen um Sie herum Schauspieler sind. Fast jeder Dialog mit anderen Menschen ist von einem Drehbuch vorgegeben. Ihr »Leben nach dem Tod«, wenn Sie es denn so nennen wollen, ist der Moment, an dem Sie sich dessen bewusst werden.

Diese Erkenntnis ist natürlich ein schwerer Schlag für Sie. Mein Gott, denken Sie, während Sie aus dem Wrack Ihres Wagens klettern, was ist mit meinem Geliebten? Worauf basierte unsere Beziehung? War das ganze Bettgeflüster reines Theater? Nichts als auswendig gelernter Text? Und meine Freunde?

Auch sie: alles nur Schauspieler? Was ist mit meinen Eltern?

Aber verzweifeln Sie nicht. Es ist nicht ganz so schlimm, wie Sie vielleicht denken. Wenn Sie meinen, Sie waren die einzige Ahnungslose in einer Welt voller Schauspieler, dann stimmt das so auch wieder nicht. Etwa die Hälfte aller Menschen sind Schauspieler. Die andere Hälfte, zu der Sie bis vor wenigen Momenten ebenfalls gehörten, sind die Nutznießer. Es kann also durchaus sein, dass Ihr Geliebter in demselben Boot der Naivlinge saß wie Sie. Und nun ist es Ihre Aufgabe, für ihn zu schauspielern, damit er keine Veränderung in der Beziehung bemerkt. Sie verhalten sich wie eine untreue Ehefrau, die sich dazu zwingt, so zu tun als wäre alles ganz normal. Auch für andere Nutznießer werden Sie zur Schauspielerin: für Ihre Chefin, den Taxifahrer, den Kellner.

Als Schauspielerin bekommen Sie mit, was hinter den Kulissen abläuft. Wenn Sie nach einer Szene mit einem Nutznießer einen Raum verlassen, betreten Sie einen Warteraum hinter der Bühne, und sehen die roh zusammengezimmerten Balken, auf die das schiefe Bühnenbild gespannt ist. Hier stehen ein paar Sofas und Sie können sich Süßigkeiten und Getränke aus Automaten ziehen. Während Sie auf Ihren nächsten Auftritt warten, plaudern Sie mit den anderen Schauspielern. Als nächstes sind Sie, sagen wir, um 12:53 Uhr dran, wenn Sie scheinbar zufällig einem Bekannten in der U-Bahn begegnen. Vor jedem Auftritt bekommen Sie Ihr Skript auf einer Karteikarte. Die Anweisungen sind meist sehr allgemein gehalten. Da steht zum Beispiel, Sie sollen Überraschung mimen, wenn Sie einem Nutznießer über den Weg laufen. Oder Sie sollen erzählen, Sie hätten einen neuen Hund, oder die Arbeit belaste Sie. Manchmal erhalten Sie auch ganz spezifische Instruktionen: Sie sollen den Titel eines neuen Buchs ins Gespräch einfließen lassen oder den Namen eines gemeinsamen Freundes fallen lassen. Vermutlich erhalten andere Schauspieler im Lauf der Woche ergänzende Anweisungen, um den jeweiligen Nutznießer sanft in Richtung eines neuen Gedankens oder einer Begegnung zu lenken.

Sie lernen den kurzen Text auswendig, und wenn Sie wieder zur Tür hinausgehen, befinden Sie sich genau da, wo Sie als nächstes gebraucht werden: auf der Restauranttoilette; im Museumsbuchladen, wo Sie ein Freund erwartet; oder auf einem belebten Gehsteig, wo Sie Arm in Arm mit einem anderen Schauspieler beobachtet werden sollen. Für die Nutznießer wird die Rückseite jeder Tür in dem Moment neu geschaffen, in dem Sie einen anderen Raum betreten. Für die Schauspieler führt jede Tür in den Warteraum hinter der Bühne. Wir wissen nicht, wie die Regisseure die Welt immer neu erschaffen, und schon gar nicht warum. Wir wissen nur, dass wir irgendwann unsere Rollen als Schauspieler ausgespielt haben und an einen besseren Ort kommen.

Es kann gut sein, dass es Ihnen anfangs zuwider ist, die Nutznießer fortwährend zu belügen. Sie schreien die Regisseure über das Mikrophon an, Sie hätten keine Lust mehr, den Hampelmann für sie zu spielen. Diese Reaktion ist typisch. Doch Sie werden sich bald fügen und Ihre Rolle mit dem gebotenen Ernst spielen. Wir wissen wenig über die Regisseure – nur, dass sie uns sehr geschickt dazu bringen, etwas zu tun, was uns gegen den Strich geht.

Warum spielen wir unsere Rollen mit dieser Ernsthaftigkeit? Warum streiken wir nicht einfach oder lassen das ganze Theater auffliegen? Ein wichtiger Grund ist natürlich die Loyalität Ihrem Geliebten gegenüber, vor allem angesichts seines charmanten Gefühlslebens und seines naiven Vertrauens in Zufall und Spontaneität. Dieser hinreißende Ernst in seinen Augen und sein fest verwurzelter Glaube an die Vielzahl von Möglichkeiten, die das Leben zu bieten hat, hält Sie in seinem Bann.

Aber um ehrlich zu sein gibt es noch einen schwerwiegenderen Grund, warum Sie Ihren Part so überzeugend spielen. Je besser Sie nämlich Ihre Aufgabe machen, umso eher dürfen Sie Ihren Schauspielerjob an den Nagel hängen. Die Besten werden mit Unwissenheit belohnt und als ahnungslose Nutznießer wiedergeboren. Natürlich könnten Sie die Show ein für alle Mal auffliegen lassen, doch die Regisseure sind sich sicher, dass Sie das nicht tun werden: Sie wissen, dass Sie sich zu jeder Lüge hergeben würden, nur um irgendwann zurückkehren zu dürfen.

~

Der Todesschalter

Es gibt zwar kein Leben nach dem Tod, doch in gewisser Weise leben wir trotzdem weiter.

Zu Beginn des digitalen Zeitalters starben Menschen mit Passwörtern im Kopf und niemand konnte mehr auf ihre Computer zugreifen. Wenn ihre Dateien wichtige Informationen enthielten, konnte das ein ganzes Unternehmen lahmlegen. Aus diesem Grund entwickelten Programmierer den Todesschalter. Er sorgt dafür, dass Ihr Computer einmal pro Woche die Eingabe eines Passworts von Ihnen verlangt, um sicherzustellen, dass Sie noch am Leben sind. Wenn Sie Ihr Passwort über einen bestimmten Zeitraum nicht eingeben, geht Ihr Computer davon aus, dass Sie tot sind und verschickt Ihr Passwort automatisch an Ihre Stellvertreter. Manche Menschen begannen außerdem, über die Todesschalter die Nummern von geheimen Schweizer Bankkonten an ihre Erben zu verschicken, in einem Streit ein letztes Wort zu sprechen und Geheimnisse zu beichten, die sie nicht auszusprechen wagten, während sie noch unter den Lebenden weilten.

Bald erkannte man, dass die Todesschalter eine gute Möglichkeit boten, sich auf elektronischem

Wege zu verabschieden. Die Nutzer programmierten ihre Computer so, dass sie nicht nur Passwörter verschickten, sondern auch Emails, in denen sie Freunde und Bekannte über ihr Ableben informierten. »Vermutlich bin ich jetzt tot«, begannen diese Emails. »Ich möchte diese Gelegenheit nutzen, um Dir etwas mitzuteilen, das ich dir schon immer sagen wollte...«

Bald darauf erkannten die Menschen, dass sie Botschaften verfassen konnten, die an einem bestimmten Datum in der Zukunft verschickt wurden: »Alles Gute zum 87. Geburtstag. Seit meinem Tod sind 22 Jahre vergangen. Ich hoffe, Du bist glücklich und gesund.«

Im Lauf der Zeit entwickelten die Menschen immer komplexere Anwendungen für die Todesschalter. Statt Freunde und Bekannte in ihren Emails über ihren Tod zu informieren, taten sie nun so, als seien sie noch am Leben. Mit ausgeklügelten Algorithmen, die eingehende Nachrichten auswerteten, verfasste der Todesschalter automatische Antworten und sagte beispielsweise mit freundlichen Worten eine Einladung ab, verschickte Glückwünsche zu wichtigen Lebensereignissen und behauptete, er freue sich auf ein baldiges Wiedersehen.

Heute ist es eine regelrechte Kunstform geworden, Todesschalter zu programmieren, die überzeugend vorgeben, dass Sie noch am Leben sind. Todesschalter verschicken hin und wieder Faxe, überweisen Geld von einem Konto auf ein anderes oder bestellen im Internetbuchhandel neue Romane. Besonders ausgefeilte Todesschalter schwelgen in gemeinsamen Erinnerungen, ergehen sich in persönlichen Anspielungen, brüsten sich mit Leistungen der Vergangenheit und schöpfen aus dem Erfahrungsschatz eines ganzen Lebens.

Auf diese Weise wurden die Todesschalter zu einem kosmischen Witz auf die Sterblichkeit. Die Menschen haben erkannt, dass sie den Tod zwar nicht aufhalten, ihm aber sehr wohl ein wenig in die Suppe spucken können. Das Ganze begann als eine gut gelaunte Revolution gegen das Schweigen des Grabes. Für uns Lebende wird es allerdings zunehmend schwieriger festzustellen, wer schon tot ist und wer noch lebt. Rund um die Uhr verschicken Computer Nachrichten der Toten: Grüße, Beileidsbekundungen, Flirtmails, Entschuldigungen, Small Talk, Insiderwitze – das Geplänkel zwischen Menschen, die einander gut kennen.

Längst zeichnet sich ab, wohin sich die Gesellschaft entwickeln wird. Die meisten Menschen sind verstorben, wir Verbliebenen werden immer weniger. Wenn wir schließlich auch sterben und unsere Todesschalter aktiv werden, wird nichts mehr übrig bleiben als ein komplexes Netz aus Botschaften, die niemand mehr liest: Eine Gesellschaft aus hin und her sausenden Emails unter stummen Satelliten, die einen schweigenden Planeten umkreisen.

Auch wenn es also für uns selbst kein Leben nach dem Tod gibt, lebt das weiter, was zwischen uns ist. Wenn irgendwann eine fremde Zivilisation über unseren Planeten stolpert, wird sie sofort verstehen, wer wir waren, denn das Netz unserer Beziehungen wird fortbestehen: Wer liebte wen, wer war sich nicht grün, wer betrog wen, wer lachte zusammen im Urlaub und beim Abendessen. Die Beziehungen sämtlicher Menschen zu ihren Chefs, Geschwistern und Geliebten sind in den elektronischen Botschaften verewigt. Die Todesschalter simulieren die Gesellschaft so umfassend, dass sie sich vollständig rekonstruieren ließe. Das Gedächtnis des Planeten überlebt in Form von Nullen und Einsen.

So können wir bis in alle Ewigkeit über private Witze lachen, ein Versäumnis wiedergutmachen, ein versöhnliches Wort nachschieben oder uns köstliche Anekdoten über vergangene irdische Erlebnisse erzählen. Die Erinnerungen leben ohne uns weiter, niemand vergisst sie, niemand wird ihrer überdrüssig. Wir sind hochzufrieden mit dieser Einrichtung, denn vermutlich hätten wir in einem tatsächlichen Jenseits sowieso nichts anderes gemacht, als in Erinnerungen an die goldenen Zeiten unseres irdischen Daseins zu schwelgen.

～

Zugabe

DIE IDEE EINES LEBENS nach dem Tod ist schon sehr alt, doch ihre Umsetzung wurde erst im vergangenen Jahrhundert ernsthaft in Angriff genommen. Davor gab es zwar bereits so etwas wie ein Leben nach dem Tod, doch bestenfalls in Ansätzen.

Um das zu verstehen, müssen Sie sich klar machen, dass unsere Schöpfer eben nur Schöpfer sind, und sich nicht, wie frühere Kulturen oft annahmen, mit der Beobachtung und Beurteilung unserer Handlungen befassen. Die Schöpfer verfolgen nicht, wie sich unser irdisches Dasein im Einzelnen entwickelt. Im Gegenteil, es ist ihnen völlig gleichgültig, wie wir leben. Erst nach unserem Tod interessieren sie sich wieder für uns, denn dann haben sie die Möglichkeit, das zu tun, was sie am besten können: Schöpfen. In dieser zweiten Runde werden sie zu Neuschöpfern. Ihre Aufgabe besteht nun darin, sämtliche verfügbaren Daten über Ihr Leben zu sammeln und eine Simulation zu erstellen, die Ihr Leben Tag für Tag rekonstruiert. Sie sehen es als sportliche Herausforderung an, aus den gewaltigen Datenmengen, die Sie hinterlassen haben, ein möglichst getreues Abbild von Ihnen zu erschaffen.

Zuerst suchen sie Ihre Geburts-, Ehe- und Sterbeurkunden heraus. Da es lange kaum amtliche Aufzeichnungen gab, kommen die meisten Menschen erst seit wenigen Jahrhunderten in den Genuss eines Lebens nach dem Tod. Dann werten die Neuschöpfer Ihre Telefonrechnungen aus, um zu sehen, wen Sie wann angerufen haben. Jede Kreditkartenabrechnung wird herangezogen und nach Ort, Zeit und Kauf ausgewertet. Die Neuschöpfer suchen jeden Millimeter Video auf dem gesamten Planeten nach Ihren Auftritten ab: Beim Kaffeetrinken in der Cafeteria eines Supermarkts, beim Geldabheben am Sparkassenautomaten, beim Empfang Ihres Abschlusszeugnisses, als unfreiwilliger Statist in den Urlaubsvideos von Unbekannten, beim Würstchenessen auf der Tribüne eines Fußballstadions.

Die Neuschöpfer sind Informationskünstler. Mit jedem Häppchen wird das Bild, das sie von Ihnen zusammensetzen, vollständiger. Jedes Detail wird nach der Zuverlässigkeit seiner Quelle bewertet und überprüft. Millionen von Fakten werden ausgewertet. Das resultierende Bild ist derart dicht vernetzt, dass eine Art Gipsabdruck entsteht, der Ihre Form behält, auch wenn Sie sich längst aus dessen Innern herausgeschält haben.

Aus Schulakten schließen die Neuschöpfer, über welches Wissen Sie in welchem Alter verfügt haben. Diese Information verknüpfen sie mit historischen Aufzeichnungen. Sie rekonstruieren, was Sie Tag für Tag in Ihrer Umwelt wahrgenommen haben, und aus Ihren Zeitungsabonnements ziehen sie Schlüsse darauf, welche globalen Ereignisse Einfluss auf Sie hatten. Aus dem Datenmeer fischen sie Informationen über Ihre verschiedenen Beziehungen: Anfang, Ende und mögliche Überschneidungen. Um das Bild zu vervollständigen, ziehen die Neuschöpfer jedes Formular heran, das Sie je ausgefüllt und jede Email, die Sie erhalten haben: Wer dankt Ihnen warum, wer ermahnt Sie, wer sucht welchen Rat bei Ihnen, wer bittet Sie um welchen Gefallen?

Frühere Generationen konnten leicht feststellen, dass ihr Leben nach dem Tod lediglich eine Simulation war, denn die Details waren spärlich. Das Gefühl der Leere, das an den meisten Tagen herrschte, war ein unmissverständlicher Beleg dafür, dass sie nur eine billige Kopie ihrer selbst waren. Doch dank der unglaublichen Datenmengen, die den Neuschöpfern heute zur Verfügung stehen, wird Ihr Leben nach dem Tod eine nahezu perfekte Reproduktion. Es fühlt sich so echt an, dass Sie sich im Jenseits nur selten fragen, ob Sie das Ganze vielleicht schon einmal erlebt haben. Nur dann und wann haben Sie ein Déjà-vu-Erlebnis, etwa wenn Sie ein Buch in der Hand halten und nicht wissen, ob Sie diese Situation zum ersten Mal erleben oder ein Ereignis aus längst vergangenen Weltaltern wiederholen.

∼

Das Prisma

AM ANFANG BESCHLOSS GOTT, dass alle Menschen einen Platz im Jenseits bekommen sollten. Doch er hatte die Sache nicht bis ins Detail durchdacht und stand sofort vor einer kniffligen Frage: Wie alt sollten die Menschen im Jenseits sein? Sollte eine Großmutter so alt sein wie an ihrem Todestag, oder sollte sie als junge Frau weiterleben dürfen? Sollte sie so aussehen, dass ihr erster Liebhaber sie erkannte, nicht aber ihre Enkelin? Er kam zu dem Schluss, dass es ungerecht wäre, die Menschen in einem Alter zu belassen, in dem sie ihre Schönheit und ihren Elan längst eingebüßt hatten. Es war allerdings auch nicht ratsam, das Paradies mit Menschen im jungen Erwachsenenalter zu bevölkern, denn damit würde das Leben nach dem Tod nur in endlose sexuelle Nachstellungen ausarten. Und im reifen Erwachsenenalter unterhielten sich alle nur über Kinder und Hypotheken und die Gespräche im Jenseits würden tödlich langweilig.

Eines Tages beobachtete Gott zufällig, wie ein Prisma das Sonnelicht in seine Spektralfarben zerlegte, und hatte einen genialen Einfall. Bei Ihrer Ankunft werden Sie nun in verschiedene Ichs unterschiedlichen Alters aufgesplittet. Ihr Ich, das einst

in einer Person lebte, existiert nun in allen Altersstufen gleichzeitig. Diese Einzel-Ichs altern nicht,
sie bleiben bis in alle Ewigkeit alterslos. Sie haben
die Zeit überwunden.

Sie werden ein wenig brauchen, um sich daran zu
gewöhnen. Es kann Ihnen passieren, dass sich verschiedene Ichs im Supermarkt begegnen, wie zwei
irdische Bekannte. Ihr 76-jähriges Ich könnte bei
seinem Spaziergang am Ufer seines Lieblingsbachs
Ihrem 11-jährigen Ich über den Weg laufen. Ihr
28-jähriges Ich könnte in einem Café mit seiner
Freundin Schluss machen und aus dem Augenwin-
kel Ihr 35-jähriges Ich sehen, das wehmütig auf den
leeren Stuhl gegenüber starrt. Ihre verschiedenen
Ichs freuen sich meist, wenn sie einander begegnen,
da sie denselben Namen tragen und eine gemein-
same Geschichte haben. Doch sie sehen einander
mit kritischeren Augen als andere Menschen und
kennen ihre wunden Punkte nur allzu gut.

So ist das eben im Leben nach dem Tod. Seien Sie
nicht überrascht, dass sich Ihre Ichs nach der Zerle-
gung in verschiedene Altersstufen immer weiter
auseinanderleben.

So werden Sie feststellen, dass Ihr 8-jähriges Ich
weniger mit ihrem 32- oder Ihrem 64-jährigen Ich
gemeinsam hat, als Sie dachten. Ihr 18-jähriges Ich
fühlt sich in der Gegenwart von Gleichaltrigen
wohler als in der Ihres 73-jährigen Ich. Dem wiederum macht das wenig aus, denn es unterhält sich

lieber mit Angehörigen seiner eigenen Generation. Abgesehen von Ihrem Namen haben Ihre verschiedenen Ichs wenig gemeinsam.

Aber verzweifeln Sie nicht: Die gemeinsamen biografischen Eckdaten – Eltern, Geburtsort, Schulzeit, der erste Kuss – üben eine magische und nostalgische Anziehungskraft aus. Daher organisieren Ihre Ichs gelegentlich eine Art Familientreffen, zu dem alle in einem Raum zusammenkommen. Dann wuscheln die Erwachsenen den Jungen den Kopf und die Jugendlichen hören sich geduldig die Geschichten und klugen Ratschläge der Alten an.

Bei diesen Zusammenkünften begegnen sich Einzelpersönlichkeiten, die auf rührende Weise nach Gemeinsamkeiten suchen. Sie erwarten, dass Ihr Name so etwas wie ein gemeinsames Dach darstellt, doch Sie müssen feststellen, dass der Name, der auf der Erde existierte und das Ich, das nacheinander diese verschiedenen Identitäten durchlebte, nicht mehr waren als ein Bündel Zweige von unterschiedlichen Bäumen. Verblüfft stellen Sie fest, wie komplex diese zusammengesetzte Identität war, die auf der Erde lebte. Und erschauernd erkennen Sie, dass dieses irdische Ich für immer verloren und im Jenseits spurlos verschwunden ist. Sie waren all diese Ichs, und Sie waren keines davon.

∿

Unbeschreiblich

WENN SOLDATEN AM ENDE eines Kriegs ihrer Wege gehen, dann empfinden sie die Demobilisierung ihrer Truppe ähnlich wie den Tod eines Menschen: Es ist der Tod des Kriegs durch Frieden.

Ein ähnliches Gefühl ergreift Schauspieler, wenn der letzte Vorhang fällt und ihr Stück aus dem Programm genommen wird: Nach Monaten der Zusammenarbeit stirbt etwas, das größer war als sie. Wenn ein Geschäft seine Tore für immer schließt, das Finalspiel einer Fußballweltmeisterschaft abgepfiffen wird oder eine Tagung mit ihrer letzten Sitzung endet, dann gehen die Beteiligten in dem Gefühl auseinander, Teil von etwas Größerem gewesen zu sein, und sie ahnen, dass dieses Etwas eine eigenständige Existenz hatte, auch wenn sie diese Ahnung nicht in Worte fassen könnten.

So trifft der Tod nicht nur uns Menschen und alle Lebewesen, sondern alles, was in irgendeiner Form existiert.

Alles, was lebt, lebt im Jenseits weiter. Kampfeinheiten, Theaterstücke, Geschäfte und Tagungen verschwinden nicht einfach, sondern kommen in eine andere Dimension. Da diese Wesen geschaffen wurden und eine gewisse Zeit lang existierten, leben sie nach den kosmischen Gesetzen auch an einem anderen Ort weiter.

Es fällt uns zwar schwer, uns vorzustellen, wie diese Wesen miteinander umgehen und kommunizieren können, doch sie genießen ihr Leben nach dem Tod in vollen Zügen und erzählen sich gegenseitig von ihren Abenteuern. Sie lachen über die guten alten Zeiten und bedauern genau wie wir, dass das Leben viel zu kurz war. Wir Menschen, aus denen sie bestanden haben, kommen in ihren Geschichten nicht vor, was daran liegt, dass uns diese Wesen genauso wenig verstehen wie wir sie. Die meisten von ihnen wissen nicht einmal, dass es uns überhaupt gibt.

Es mag uns vollkommen unbegreiflich erscheinen, wie diese Wesen weiterleben können ohne uns Menschen, ohne die sie doch überhaupt nicht existiert hätten. Doch das Prinzip ist ganz einfach: Im Jenseits besteht nur der Geist fort. Sie bringen Ihre Galle, Niere und Leber ja auch nicht mit, sondern machen sich von ihren einzelnen körperlichen Bestandteilen frei.

Dieser kosmische Plan hat eine erstaunliche Konsequenz: Wenn Sie sterben, dann wird Ihr Ableben von sämtlichen Atomen bedauert, aus denen Sie sich zusammengesetzt haben. Im Gewebe von Haut oder Milz haben sie viele Jahre miteinander verbracht. Doch mit Ihrem Tod sterben sie nicht etwa. Stattdessen trennen sie sich und gehen ihrer Wege.

Sie trauern der gemeinsamen Zeit nach und haben das Gefühl, Teil von etwas Größerem gewesen zu sein. Sie ahnen, dass dieses Etwas eine eigenständige Existenz hatte, auch wenn sie diese Ahnung nicht in Worte fassen könnten.

~

Das Pantheon

Es gibt nicht nur einen einzigen Gott, sondern viele. Jeder herrscht über seinen eigenen Zuständigkeitsbereich. Mit ihrem Polytheismus kamen frühere Kulturen der Sache erstaunlich nahe, obwohl die Götter in Wirklichkeit nicht über Krieg, Liebe und Weisheit herrschen. Ihre Verantwortungsbereiche sind sehr viel übersichtlicher. So hat beispielsweise eine Gottheit alle verchromten Gegenstände unter sich. Eine andere alle Fahnen. Eine dritte alle Bakterien. Der Gott der Telefone, der Gott der Kaugummis und der Gott der Kaffeelöffel: Das sind die Protagonisten auf der unüberschaubaren Bühne der göttlichen Bürokratie.

Natürlich liegen sich die Götter ständig wegen ihrer Zuständigkeiten in den Haaren. Es sind diese Reibereien innerhalb des riesigen Verwaltungsapparats, die den zufälligen Lauf der Welt bestimmen. Wie immer passieren die spannendsten Dinge in den umstrittenen Randbereichen zwischen den einzelnen Machtsphären.

Wenn es Sie also freut, zu erfahren, dass es tatsächlich einen göttlichen Willen gibt, dann sind Sie wahrscheinlich enttäuscht zu hören, dass sich die Götter nie einigen können. Es gibt so viele von ihnen, dass jeder Einzelne bestenfalls in winzigen und zufälligen Augenblicken einen gewissen Einfluss ausübt.

Wie die alten Griechen bereits ahnten, tobt unter den Göttern ein erbitterter Konkurrenzkampf. Gerade weil so wenig auf dem Spiel steht, werden die Eifersüchteleien umso heftiger ausgetragen: Die Götter sind weder groß noch mächtig und das wissen sie nur allzu gut. So nutzt jede Gottheit ihre willkürlich zugeteilten Talente und Zuständigkeiten nach Kräften, um aus der Menge hervorzustechen und wahrgenommen zu werden. Im verwirrenden Hickhack mit unzähligen Wildfremden und im Wettstreit an allen Fronten versuchen sie, etwas Bleibendes zu schaffen. Einige ahnen, dass sie Außergewöhnliches zuwege bringen können, wenn sie nur eine Möglichkeit fänden, systematisch zusammenzuarbeiten. Doch auf dem Weg dorthin stellen sie sich mit ihren egoistischen Zielen jedes Mal selbst ein Bein.

In jüngster Zeit hört man öfter die Theorie, diese Unfähigkeit zur Teamarbeit sei der einzige Grund, weshalb uns die Götter nicht schon längst ausgelöscht haben. Doch in Wahrheit mögen sie uns und tun alles, um uns zu beschützen. Wann immer ihnen ihre eigenen Streitereien über den Kopf wachsen, halten sie inne und betrachten unseren Feierabendverkehr. Jeder der menschlichen Fahrer sitzt abgeschirmt von allen anderen in seiner kleinen

Kapsel aus Glas und Stahl und kämpft um ein winziges Stückchen Stadt. Einige suchen mit ihren Mobiltelefonen den Kontakt zu einem Freund, der irgendwoanders in der brodelnden Menge verloren ist. Und an sein Lenkrad geklammert, empfindet jeder Freud und Leid mit einer Intensität, als sei er das einzige fühlende Wesen auf der Welt. Von allen Geschöpfen sind wir den Göttern die liebsten: Wir sind die einzigen, die ihr Problem nachempfinden können.

∽

Energie

WIR KOMMEN GENAUSOWENIG ins Jenseits wie ein Computerchip. Letztlich sind wir auch nichts anderes. Wir Menschen sind winzige, untereinander vernetzte Computerbausteine und verarbeiten eine gigantische Software, die von drei kosmischen Programmierern entwickelt wurde. Diese Programmierer sind Experten für die Konstruktion flexibler Rechenmaschinen, die aus mobilen, sich selbst reparierenden und über eine große Bandbreite verfügenden Knotenpunkten bestehen – den Menschen. Jeder zwischenmenschliche Kontakt ist Teil von unvorstellbar gigantischen mathematischen Operationen, die das gewaltige Netz ständig neu konfigurieren und Berechnungen für Wesen in anderen räumlichen Dimensionen durchführen.

Das Erstaunliche daran ist, dass diese Rechenoperationen unterhalb unserer Bewusstseinsschwelle ablaufen. Achten Sie das nächste Mal darauf, wenn das Augenlid ihres Nachbarn einmal kaum merklich zuckt. In der Regel fällt das weder Ihnen noch ihm selbst auf – sehr wohl aber Ihrem Unbewussten. Das Zucken des Augenlids wird wie von einer hochsensiblen Antenne registriert und sorgt für eine präzise Änderungen ganz bestimmter Variablen in

Ihrem Kopf: Gene entfalten sich, Proteine wuchern, Synapsen gehen neue Verbindungen ein. Von alledem bemerken Sie nichts: Sie sind lediglich der Träger einer Blackbox namens Gehirn und haben nicht die geringste Ahnung, was sich in deren Innern abspielt. Dieser Schub an neuronaler Aktivität sorgt allerdings dafür, dass Sie Pheromone freisetzen, die für das Bewusstsein nicht wahrnehmbar sind, die jedoch erhebliche Auswirkungen auf die junge Frau neben Ihnen haben: Wenige Augenblicke später tippt diese unbewusst einmal mit dem linken Zeigefinger auf den Tisch. Dieses Signal wird wiederum vom Gehirn des Touristen registriert, der ihr schräg gegenüber sitzt. Und so setzt sich die Rechenoperation immer weiter fort.

Auf diese Weise werden Signale mit rasender Geschwindigkeit durch das gesamte Netzwerk der Menschheit übertragen, ohne dass wir mitbekommen, dass wir die Boten sind. Die unbewusste Fingerbewegung, mit der wir uns unter dem Hut kratzen, eine plötzliche Gänsehaut, das exakte Timing eines Blinzelns – all das ist Information und stößt den nächsten Rechenschritt an. Die Menschheit ist ein gigantisches Netzwerk von Signalen, die von einem Knotenpunkt zum nächsten weitergeleitet werden, sie ist die Platine für Rechenoperationen von kosmischen Ausmaßen.

Allerdings hat sich unerwartet ein winziger Defekt in das Programm eingeschlichen, ein fehlerhafter Algorithmus, den die Programmierer weder vorgesehen noch entdeckt haben: unser Bewusstsein. Dass wir lieben, fürchten, träumen, verachten und genießen, unsere Sehnsüchte, Ziele, Wünsche, Hoffnungen und Ängste – all dies läuft im Hintergrund der planetarischen Rechenoperationen ab, verborgen im undurchdringlichen Dickicht des Programms. Unser Gehirn wurde nicht konstruiert, um zu lieben – unsere Liebesfähigkeit ist lediglich ein sympathischer Algorithmus, der freie Prozessorkapazitäten schmarotzt.

Die Programmierer wissen genauso wenig von unserem Bewusstsein wie wir von ihren Berechnungen. Theoretisch müssten sie eine minimale Beeinträchtigung der Rechenleistung feststellen können, doch es wäre viel zu kompliziert, der Ursache dafür auf den Grund gehen zu wollen. Die Programmierer haben sich bislang nicht die Mühe gemacht, denn sie sind begeistert von ihrem Programm. Es hat sich nämlich etwas ereignet, das sie nicht verstehen: Die Rechenleistung wächst exponenziell.

Das ist umso mysteriöser, als die Programmierer die Knotenpunkte nur darauf programmiert hatten, sich selbst zu reparieren und nicht zu vermehren. Da sie wussten, dass sich die Menschen irgendwann verschleißen würden, hatten sie ihnen einen Schlüssel-Schloss-Mechanismus einprogrammiert, mit dem sie sich im Schadensfall selbst reproduzieren konnten. Doch die Programmierer hatten nicht damit gerechnet, dass der fehlerhafte Algorithmus in den Knotenpunkten ein tiefes Gefühl der Einsamkeit und ein Bedürfnis nach Nähe hervorrufen würde. Die daraus resultierende Sehnsucht nach Liebe und Nähe hat das Netz sprunghaft von einigen Tausend auf einige Milliarden Knotenpunkte anwachsen lassen. Aus Gründen, die die Programmierer nicht verstehen, unternehmen die Knotenpunkte heldenhafte Anstrengungen, um sich selbst am Leben zu erhalten und den Schlüssel-Schloss-Mechanismus zu betätigen.

Unter den Planeten der Programmierer ist die Erde der Supercomputer und das Wunderkind. Auf unerklärliche Weise erzeugt sie genug Energie, um die gesamte Galaxie zu beleuchten.

∽

Quantenwelten

HIER IM JENSEITS existiert alles in allen möglichen Zuständen gleichzeitig – selbst in Zuständen, die sich gegenseitig ausschließen. Nach Ihrem irdischen Leben, wo mit der Entscheidung für eine bestimmte Möglichkeit alle anderen Alternativen verschwinden, empfinden Sie dies als Schock. Wenn Sie mit einem Menschen eine Liebesbeziehung eingehen, verbieten sich alle anderen Beziehungen: In dem Moment, in dem Sie durch eine Tür gehen, verschwinden alle anderen Türen.

Doch im Jenseits können Sie in unzähligen parallelen Leben sämtliche Möglichkeiten gleichzeitig wahrnehmen. Sie können gleichzeitig essen und nicht essen. Sie können kegeln und nicht kegeln. Sie können reiten und meilenweit vom nächsten Pferd entfernt sein.

Ein blausamtener Engel steigt herab und erkundigt sich, wie Sie mit Ihrem Leben im Jenseits zurechtkommen.

»Das ist alles furchtbar verwirrend für mein armes menschliches Gehirn«, geben Sie zu.

Der Engel kratzt sich an seinem Sternenhaupt. »Vielleicht können wir mit etwas einfacherem anfangen, vielleicht mit einem Beruf«, schlägt er vor.

Einen Augenblick später stürzen Sie sich in eine Reihe von gleichzeitigen und einander ausschließenden Arbeitswelten. Sie gehen sämtlichen Berufen nach, die Sie als junger Mensch je in Erwägung gezogen haben. Sie sitzen beim Countdown im Cockpit eines Spaceshuttle, verteidigen einen Verbrecher vor einem Geschworenengericht, streifen sich die OP-Handschuhe zu einer Gallenoperation über und donnern mit einem 18-Tonner über die Autobahn. Die Grenzen von Raum und Zeit sind aufgehoben.

»Das ist mir viel zu viel Arbeit«, klagen Sie, als der Engel zurückkommt.

»Vielleicht könnten wir ja mit einer noch einfacheren Situation einsteigen«, überlegt der Engel. »Wie wäre es mit einem abgeschlossenen Raum zusammen mit ihrem Partner?«

Schon sind Sie da. Sie unterhalten sich angeregt und sind gleichzeitig mit ihren Gedanken woanders. Ihr Partner gibt sich Ihnen hin und gibt sich Ihnen nicht hin. Sie verabscheuen ihn und sind rettungslos verliebt. Er verehrt Sie und überlegt sich, was er wohl gerade mit einer Anderen verpasst.

»Danke«, sagen Sie zu Ihrem Engel. »Das kommt mir irgendwie bekannt vor.«

～

Elementarteilchen

MIT UNSEREN VORSTELLUNGEN vom Urknall liegen wir gründlich daneben. Das Universum wurde nicht in einer gewaltigen Explosion geboren, sondern mit der wenig aufregenden, zufälligen und geräuschlosen Entstehung eines einzelnen Quark.

Danach passierte erst einmal Tausende Jahrtausende lang gar nichts. Schweigend schwebte das einsame Teilchen im leeren Raum. Schließlich kam es auf den Gedanken, sich zu bewegen. Wie alle Elementarteilchen wusste es, dass es sich in der Zeit beliebig vor- und rückwärts bewegen konnte. Also machte es einen Schritt in die Zukunft und sah beim Blick zurück, dass es eine Linie auf der Leinwand der Raumzeit hinterlassen hatte.

Dann zischte es in der Zeit zurück und sah, dass es eine weitere Linie gezeichnet hatte. Das Quark zippte vorwärts und rückwärts durch die Zeit. Wie ein Künstler, dessen einzelner Pinselstrich bedeutungslos ist, setzte es einen Strich neben den anderen und ließ auf diese Weise ein Bild entstehen.

Wenn Sie dachten, alles werde durch ein übergeordnetes Ganzes zusammengehalten, dann haben Sie sich geirrt: Die Welt wird durch ein einziges, winziges Teilchen zusammengehalten. Jedes Atom in

Ihrem Körper ist nichts als ein und dasselbe Quark, das sich an vielen verschiedenen Stellen gleichzeitig aufhält. Wie eine hektische vier-dimensionale Laserkanone düst unser kleines Quark umher und zeichnet die Welt: Jedes Blatt an jedem Baum, jede Koralle im Meer, jeden Autoreifen auf jeder Müllhalde, jeden Vogel im Wind, jedes Haar auf jedem Kopf. Alles, was Sie sehen, ist die Manifestation ein und desselben Quark, das auf einem selbstgebauten Superhighway durch die Raumzeit flitzt.

Zu Beginn schrieb es die Geschichte der Welt in Form von holzschnittartigen Heldensagen über Krieg, Liebe und Verbannung. Doch je mehr dieser Epen es sponn, desto weiter entwickelte es seine Autorenqualitäten. Die Erzählungen wurden immer subtiler, die Helden moralisch uneindeutiger, ihre Gegenspieler charmanter. Das Quark ließ sich von seiner eigenen Geschichte der Einsamkeit in einem leeren Weltall inspirieren: Der Jugendliche, der sein Gesicht in den Kissen vergräbt, die geschiedene Frau, die aus dem Fenster eines Cafés blickt, der Rentner, der tagaus tagein Werbefernsehen schaut – das waren die Propheten in den Erzählungen des Quark.

Doch das Quark beschränkte sich nicht auf das Thema Einsamkeit. Im Gegenteil, es konnte gar nicht genug von Liebesgeschichten und Sexszenen bekommen. Sein komplexes Gespinst von Romanzen brachte immer neue Generationen von Kindern hervor und bevölkerte das fiktionale Universum aus Raum und Zeit mit immer mehr und immer komplexeren Figuren. Mit der Leidenschaft und Detailverliebtheit eines Romanautoren sorgte das Quark dafür, dass es keine losen Fäden gab und dass jede einzelne Geschichte in sich stimmig war.

Doch eines Nachmittags, den unsere Physiker als Tag des Niedergangs bezeichnen sollten, hatte unser Quark plötzlich eine Erkenntnis. Mit einem Mal wusste es, dass es an die Grenzen seiner Energie gekommen war. Seine Geschichten hatten zu viele barocke Verästelungen, als dass es sie noch alle zeichnen konnte, auch nicht mit Höchstgeschwindigkeit.

An diesem Tag begann die Welt in Richtung Unvollständigkeit zu driften. Resigniert erkannte das Quark, dass es die Show nur aufrecht erhalten konnte, wenn es sich seine Kräfte einteilte. Eine Möglichkeit bestand darin, nur noch die Dinge zu zeichnen, die von irgendjemandem wahrgenommen wurden. Im Rahmen seines Sparprogramms zeichnet es große Wiesen und Berge nur noch dann, wenn jemand da war, der sie sah. Wo keine U-Boote fahren, sind die Tiefen des Meeres leer, und wo keine Forschungsexpeditionen entlangkommen, wachsen keine Urwälder.

Diese Sparaßnahmen greifen bereits seit der Zeit vor Ihrer Geburt. Doch bald wird es noch schlimmer kommen. Trotz seiner strengen Energiesparmaßnahmen hat sich das Quark übernommen. Aufgrund der explosionsartigen Zunahme der Menschheitsgeschichten sind die Kraftreserven des Quark nahezu erschöpft.

Ob es will oder nicht, es wird sich bald eingestehen müssen, dass es seine Erzählungen nicht fortsetzen kann. Die Physiker warnen uns deshalb schon heute, wir sollten uns auf das allmähliche Ende der Welt einstellen: Bäume werden weniger Blätter haben, Menschen weniger Haare und Tiere weniger Details. Eines Tages werden Sie um eine Straßenecke biegen und feststellen, dass ein vertrautes Gebäude verschwunden ist. Und irgendwann sehen Sie durch die fehlenden Wände Ihres Schlafzimmers und stellen fest, dass Ihr Partner nur halb gezeichnet ist.

Soweit das Szenario der Physiker, das glücklicherweise in dieser Form nicht eintreten wird. Die Vorhersagen der Naturwissenschaftler berücksichtigen nämlich nicht, dass uns das Quark viel zu lieb gewonnen hat, als dass es dies zuzulassen würde. Es liebt seine Schöpfung und weiß, dass es uns das Herz brechen würde, wenn wir eines Tages mitansehen müssten, wie der Lack abblättert.

Daher hat es einen anderen Plan gefasst: Es wird die Welt im Schlaf enden lassen. Sämtliche Wesen, die das Quark erschaffen hat, werden sich an Ort und Stelle zum Schlafen hinlegen. Pendler schlummern auf dem Weg zur Arbeit sanft hinter dem

Steuer ein. Autoverkehr, Vorortzüge und U-Bahnen kommen geräuschlos zum Stehen. Schläfrige Angestellte machen es sich auf dem Fußboden ihrer Büros bequem. Die Straßen und Plätze der Weltmetropolen verstummen. Bauern dösen auf dem Feld ein, während Insekten vom Himmel segeln wie Schneeflocken. Pferde halten mitten im Gallop inne und schlafen stehend ein. In den Bäumen legen Panther den schwarzen Kopf auf die Pfoten. So wird die Welt enden: Nicht mit einem Knall, sondern mit einem Gähnen. Unsere müde und zufrieden zufallenden Augenlider sind der Vorhang, mit dem das Theaterstück endet.

So werden die geliebten Wesen des Quark nicht mehr mitbekommen, was als nächstes passiert: die Zurücknahme der Welt, die Aufdröselung des Planeten. Das Quark bewegt sich immer langsamer und setzt seine Pinselstriche immer sparsamer, bis die Welt einem Lattengerüst ähnelt. Die schlafenden Körper verwandeln sich in durchsichtige Gitter. Die Straßen werden zu schwarzen Liniennetzen, unter denen nichts mehr ist als die andere Seite des Planeten. Die Welt verwandelt sich in eine grobe Skizze ihrer selbst. Ganz allmählich löst sich schließlich auch das Gerüst auf und der Kosmos nähert sich erneut dem Zustand der Leere.

Immer mehr verlangsamt sich das erschöpfte Quark und kommt inmitten der endlosen Leere vollends zur Ruhe.

Es lässt sich Zeit und atmet tief durch. Hier wird es einige tausend Jahrtausende warten, bis es wieder genug Kraft und Mut hat, um einen weiteren Anlauf zu unternehmen. Es gibt also kein Leben nach dem Tod, sondern nur eine lange Pause: Wir alle leben im Gedächtnis eines Elementarteilchens fort, wie ein befruchtetes Ei, das nur darauf wartet, sich zu entfalten.

∾

Narziss

IM JENSEITS BEKOMMEN WIR eine eindeutige Antwort auf die Frage nach dem Sinn und Zweck unseres irdischen Daseins: Unsere Aufgabe besteht einzig und allein darin, Daten zu sammeln. Wir wurden als mobile Kameras auf die Erde geschickt. Jeder von uns ist mit zwei komplexen Linsen ausgestattet, die hochauflösende Bilder erzeugen und aus den Wellenlängen des Lichts Formen und räumliche Anordnungen errechnen. Diese Kameras sind auf Körper montiert, die sie von einem Punkt zum anderen transportieren und dabei Berge erklimmen, sich in Höhlen abseilen und Ebenen überqueren können. Wir wurden mit seitlich angebrachten Empfängern zur Verarbeitung von Schallwellen sowie mit großflächigen Tastpartien zur Aufnahme von Informationen über Temperatur und Oberflächenbeschaffenheit bestückt. Schließlich erhielten wir ein analytisches Gehirn, das diese mobile Einheit über die Wolken, unter die Meeresoberfläche und auf den Mond befördert. Auf diese Weise trägt jeder Beobachter auf jedem Berggipfel Daten zu der gewaltigen Sammlung von Informationen über die Planetenoberfläche bei.

Unsere Konstrukteure sind die Kartografen, deren Heilige Schrift wir als Weltatlas erkennen würden. Unsere Aufgabe besteht darin, jeden Quadratzentimeter des Planeten zu erfassen. Bei unseren Streifzügen über dessen Oberfläche nehmen wir mit unseren Sinnesorganen Daten auf, und dies ist unser einziger Daseinszweck.

Nach unserem Tod erwachen wir in einem Downloadzentrum. Hier werden die Informationen, die wir im Lauf unseres Lebens gesammelt haben, heruntergeladen und mit den Daten anderer abgeglichen, die vor uns abberufen wurden. Auf diese Weise verknüpfen die Kartografen Milliarden von Perspektiven zu einem dynamischen und hochauflösenden Bild des Planeten. Schon vor langer Zeit erkannten sie, dass die beste Methode zur Kartografierung des gesamten Planeten darin bestand, eine große Anzahl robuster und mobiler Apparate auszusetzen, die sich rasch selbst vermehrten und bis in die entlegendsten Winkel des Planeten vordrangen. Um sicherzugehen, dass wir uns auf der gesamten Oberfläche ausbreiteten, statteten sie uns mit Eigenschaften wie Rastlosigkeit, Sehnsucht, Körperkraft und Fruchtbarkeit aus.

Im Gegensatz zu früheren Versionen sind wir so gebaut, dass wir aufrecht stehen, unsere Hälse drehen, unsere Kameras auf jedes Detail des Planeten richten, Neugierde entwickeln und uns eigenständig neue Möglichkeiten zur Verbesserung unserer Mobilität ausdenken können. Das Geniale an diesem Entwurf war, dass unser Pionierdrang keine vorprogrammierte Richtung hatte, sondern dass wir in einem Prozess der natürlichen Auslese dynamische und nicht vorhersehbare Strategien entwickelten, um die unberechenbaren Gegebenheiten der unterschiedlichsten Landschaften zu erforschen. Die Kartografen interessiert es nicht, wer lebt und wer stirbt, sondern nur, dass die Daten möglichst breit erfasst werden. Verehrung und Gebet finden sie lästig, denn diese Aktivitäten verzögern die Datenerhebung.

Wenn wir unter der gewaltigen, fensterlosen Kuppel erwachen, brauchen wir in der Regel eine Weile, um zu erkennen, dass wir uns nicht im Himmel über den Wolken befinden, sondern tief im Erdinneren. Die Kartografen sind sehr viel kleiner als wir. Sie leben unter der Erdoberfläche und scheuen das Tageslicht. Wir sind die größten Apparate, die sie jemals herstellen konnten: Für sie sind wir Giganten, die groß genug sind, über Bäche zu springen und auf Felsen zu klettern. Wir sind eine beeindruckende Maschine, ideal zur Erforschung der Planetenoberfläche.

Die geduldigen Kartografen beförderten uns an einer Stelle ins Freie und sahen zu, wie wir uns im Lauf von Jahrtausenden wie Tinte auf der Oberfläche ausbreiteten, bis jedes Fleckchen bedeckt war und von den mobilen Sensoren aufmerksam in den Blick genommen wurde.

Die verantwortlichen Ingenieure beobachteten unseren Fortschritt von ihrer Warte im Kontrollzentrum und feierten den Erfolg ihrer Mission. Nun blieb ihnen nichts als zu warten, dass die Menschen ein Leben lang mit ihren Sensoren Bodenbeschaffenheiten, Felsformationen sowie Vegetationsformen registrierten.

Obwohl das Projekt gewisse Anfangserfolge aufweisen konnte, waren die Ergebnisse zutiefst enttäuschend. Trotz ihrer großen Reichweite und langen Lebensdauer sammeln die mobilen Kameras nämlich nur wenige für die Kartografie verwertbare Daten. Stattdessen wenden die Apparate ihre genial konstruierten Linsen direkt in die Blickrichtung anderer Linsen – eine ironische Trivialisierung der Technologie. Ihre komplexen Tastsensoren verwenden sie vorzugsweise, um einander zu berühren und zu streicheln. Ihre brillanten Schallempfänger richten sie auf Liebesgeturtel statt auf wichtige planetarische Daten. Trotz ihres robusten Allwetterdesigns haben sie ihre Energien darauf verschwendet, sich Unterstände zu bauen, in denen sie aufeinanderhocken. Und obwohl sie so eingerichtet sind, sich auf große Flächen zu verteilen, drängen sie sich auf engstem Raum zusammen.

Zu allem Überfluss schaffen die Apparate auch noch Kommunikationsnetzwerke, um sich über große Entfernungen hinweg gegenseitig zu hören und zu sehen, wenn sie einmal nicht zusammen sein können. Immer frustrierter durchforsten die Kartografen die endlosen Filmrollen mit nutzloser Information, die sie Tag für Tag erhalten. Der leitende Ingenieur wurde inzwischen gefeuert: Er hat einen technisches Wunderwerk geschaffen, das nur Aufnahmen von sich selbst macht.

∽

Die Saat

WIR SCHREIBEN GOTT die Erschaffung des Menschen zu, doch in Wirklichkeit hätten seine Fähigkeiten nie und nimmer dazu ausgereicht. Er brachte zwar den Stein ins Rollen, als er eine Reihe unterschiedlich geformter Atome erfand. Elektronenwolken verbanden sich, Moleküle wuchsen, Proteine umarmten einander, und schließlich entstanden die ersten Zellen, die bald lernten, sich zu vereinen wie Liebende. Gott stellte fest, dass die Erde spontan ergrünte und erblühte, wenn er sie im richtigen Abstand zur Sonne vor sich hin köcheln ließ. Er ist weniger ein Schöpfer als ein Tüftler und Bastler, der ein bisschen Glück hatte: Er gab den Anstoß, als er ein buntes Sammelsurium von Materie schuf, aber die Schöpfung erledigte sich dann von allein.

Gott ist von den fantastischen biologischen Resultaten genauso hingerissen wie wir. Er verbringt so manchen geruhsamen Nachmittag mit Spaziergängen durch die Wipfel von Urwaldriesen oder Streifzügen über den Meeresboden und genießt die unerwartete Schönheit.

Als unsere Gattung auf den Plan stolperte, bemerkte er gleich, mit welcher Ehrfurcht wir seine Tricks bewunderten. Seine Experimente mit der

Elektrizität, die sich unter Blitz und Donner entlädt, seine tosenden Zyklone, seine Zündeleien mit Vulkanen und ähnliche Spielereien riefen unter den Angehörigen dieser neuen Art mehr Verwunderung und Staunen hervor, als er je für möglich gehalten hätte. Er wollte eigentlich keine Anerkennung für Dinge, die er nicht zu verantworten hatte, doch er erhielt unseren Dank auch ungefragt. Rasch verliebte er sich in die Menschen mit ihrer bedingungslosen Hingabe zu ihm und schon bald machte er uns zu seiner auserwählten Gattung, was letztlich beiden Seiten nutzte.

Wenn er das perfekte Zusammenspiel der inneren Organe, die globalen Klimasysteme und die kuriose Menagerie von Meereslebewesen beobachtet, staunt er kaum weniger als wir. Er hat keine Ahnung, wie das alles funktioniert, doch er ist ein neugieriger und kluger Forscher, der überall nach Antworten sucht. Die Verehrung, mit der wir ihm begegneten, war eine große Versuchung, der er schließlich erlag: Wir nahmen an, die Schöpfung sei geplant, und Gott beließ uns in dem Glauben.

Das ist allerdings auch der Grund, weshalb er in den letzten Jahren zunehmend in einer unangenehmen Lage ist. Unsere Gattung ist nämlich klüger geworden. Früher waren wir leicht zu beeindrucken, mit großen Augen und weit aufgesperrten Mündern bestaunten wir das Feuer. Doch inzwischen haben wir unsere Verwirrung durch mathematische

Gleichungen beseitigt. Heute durchschauen wir die Gauklerspiele, auf die wir früher hereingefallen sind. Mit Hilfe von Naturgesetzen treffen wir die richtigen Vorhersagen. Das Gebiet, das wir einst an Gott abgetreten hatten, haben wir unter dem Banner der Naturwissenschaften zurückerobert. Wir hantieren mit physikalischen Theorien, die derart kompliziert und undurchschaubar sind, dass Gott der Blutdruck in die Höhe schnellt, wenn er versucht, sie zu verstehen.

Daher ist Gott heute in einer Zwickmühle. Die alten Bücher berichten, wie er seine Wunder auf die Ägypter losließ. Heute fühlt er sich in der Defensive, denn er hat keine Wunder mehr, mit denen er uns beeindrucken könnte, und er befürchtet, dass wir seine Tricks durchschauen könnten, wenn er es trotzdem versuchen würde. Seine Situation erinnert ein wenig an die eines Hobbyzauberers, der eigentlich vor Kindern auftritt und seine Taschenspielereien plötzlich vor einem skeptischen Erwachsenenpublikum vorführen soll. Seine Verunsicherung lässt sich am stetigen Rückgang seiner Wundertätigkeit in den vergangenen Jahrtausenden ablesen. Zum Bluffen ist er sich zu schade, und nichts ist ihm peinlicher als die Vorstellung, als Hochstapler aufzufliegen.

Aus diesen beruflichen Erwägungen und aus Angst vor unangenehmen Fragen ging Gott zunehmend auf Distanz zu seiner Lieblingsgattung. Als er sich zurückzog, sprangen Heilige und Märtyrer in die Lücke und schwangen sich zu seinem Marketingteam auf. Heute schämt er sich, dass er ihrem Treiben nicht eher ein Ende bereitete. Während sie ihre endlosen Chroniken verfassten, zog er sich immer weiter in die selbstgewählte Einsamkeit zurück.

Aber die Geschichte hat ein Happy End: In letzter Zeit hat er sich mit seiner eigenen Begrenztheit auseinandergesetzt und ist uns so wieder ein wenig näher gekommen. Bei seinen Beobachtungen von seiner himmlischen Warte aus kam er zu dem beruhigenden Schluss, dass seine Untertanen seine Situation durchaus nachempfinden können.

Wo er auch hinsah, überall sah er, wie wir einander Dinge zuschreiben, für die wir gar nichts können: Eltern setzen Kinder in die Welt und können deren Entwicklung weder vorhersehen noch beeinflussen. Politiker lenken einen Staat für kurze Zeit in eine Zukunft, die sie bestenfalls verschwommen wahrnehmen können. Begeisterte Liebende heiraten, ohne zu wissen, wohin diese Entscheidung sie führen wird. Gott wurde Zeuge, wie zufällige Begegnungen zu Freundschaften, Erfindungen, Schwangerschaften, Revolutionen, Unternehmensabschlüssen und Autounfällen führen. Und er erkannte, dass Menschen andauernd und ohne es zu wollen Steine ins Rollen bringen, ohne zu wissen, was sie damit anstoßen.

Heute fühlt sich Gott im Jenseits wieder wohl in der angenehmen Gesellschaft seiner zufälligen Untertanen. Er ist wie ein Großvater, der zu Weihnachten vom Kopfende der langen Festtafel auf seine Enkel sieht – voller Stolz, mit einem vagen Verantwortungsgefühl und ein wenig erstaunt.

∽

Der Götterfriedhof

DA WIR DAS JENSEITS für eine Art der Rechtsprechung halten, nehmen wir oft an, dass es dort keine Tiere gibt, da diese ja nicht für ihre Taten zur Rechenschaft gezogen werden können. Zum Glück stimmt das so nicht. Ohne die Tiere wären wir sehr einsam, doch inzwischen wissen wir, dass es im Jenseits vor Hunden, Mücken, Kängurus und anderen Mitlebewesen nur so wimmelt. Wenn Sie sich nach Ihrer Ankunft umsehen, werden Sie feststellen, dass jedes Lebewesen, das je existierte, im Jenseits weiterlebt.

Noch größer dürfte Ihre Überraschung sein, wenn Sie feststellen, dass auch die Dinge, die wir geschaffen haben, in den Genuss eines Lebens nach dem Tod kommen. Das Jenseits quillt über vor Handys, Tassen, Porzellanfigürchen, Visitenkarten, Kerzenständern und Dartscheiben. Gegenstände, die zerstört wurden – zerlegte Schiffe, ausgeschlachtete Computer, zu Feuerholz verarbeitete Kommoden – kehren in ihrer ursprünglichen Form zurück und möblieren das Jenseits. Es heißt zwar immer, wir könnten nichts mitnehmen, doch wir begegnen allem, was wir je hergestellt haben, im Jenseits wieder. Was geschaffen wurde, überlebt.

Diese universelle Regel trifft nicht nur auf unsere materiellen, sondern erstaunlicherweise auch auf unsere geistigen Produkte zu. Daher begegnen wir im Leben nach dem Tod auch den Göttern wieder, die wir erfunden haben. In einem Café können Sie zum Beispiel einen einsamen Reschef, den semitischen Gott des Kriegs antreffen, der mit seinen Hörnern auf der Stirn wehmütig aus dem Fenster sieht und die Passanten beobachtet, die draußen vorübergehen. Zwischen den Regalreihen eines Supermarkts können Sie dem babylonischen Totengott Nergal, dem griechischen Gott Apollon oder dem indischen Sturmgott Rudra begegnen. Im Einkaufszentrum sehen Sie von Weitem Feuer- und Mondgötter, Liebes- und Fruchtbarkeitsgöttinnen und die Gottheiten gefallener Schlachtrösser und entlaufener Sklaven. Obwohl sie sich unauffällig kleiden, sind sie an ihrer riesenhaften Größe, ihren Löwenköpfen, zahlreichen Armen oder Reptilienschwänzen leicht zu erkennen.

Sie sind einsam, was natürlich vor allem damit zusammenhängt, dass sie ihre Anhängerschaft weitgehend verloren haben. Früher haben sie Krankheiten geheilt, Botengänge zwischen den Lebenden und den Toten übernommen, ihren Gläubigen Ernte und Schutz geschenkt und deren Rachefeldzüge angeführt. Heute kennt man nicht einmal mehr ihre Namen. Sie hatten nie darum gebeten, geboren zu werden, und nun sitzen sie bis in alle Ewigkeit hier fest. Gelegentlich kommt es vor, dass eine der alten Gottheiten von einer kleinen Fangemeinde wiederentdeckt wird, doch solche Erweckungsbewegungen sind für gewöhnlich nicht von langer Dauer. Die Götter sind sich schmerzlich bewusst, dass sie mit ihren rachsüchtigen Persönlichkeiten, feurigen Augen und dysfunktionalen Familien nicht die besten Karten für das ewige Leben haben.

Bei genauerem Hinsehen entdecken Sie plötzlich Tausende Götter. Den aztekischen Mictlantecuhtli, den chinesischen Affenkönig Sun Wukong oder den nordischen Odin, um willkürlich ein paar herauszugreifen. In den Gelben Seiten des Jenseits steht die Regenbogenschlange der australischen Aborigines neben dem preußischen Zempat, dem wendischen Berstuk, dem Manitou der Algonkin, dem sardinischen Maymon und dem thrakischen Zibelthiurdos. In einem Restaurant kann es Ihnen passieren, dass am Nebentisch die babylonische Meeresgöttin Tiamat und der Sturmgott Marduk sitzen, der diese einst in zwei Teile hieb. Das Verhältnis zwischen beiden ist nach wie vor unterkühlt. Sie stochert lustlos in ihrem Essen herum und reagiert unterkühlt auf jeden seiner Anbandelungsversuche.

Einige der Götter sind untereinander verwandt, andere stammen aus ungeklärten Familienverhältnissen. Gemeinsam ist allen eine Abneigung gegen die kostenlosen Sozialwohnungen im Jenseits, auch wenn nicht ganz klar ist, woher diese rührt. Vermutlich können sie einfach den Gedanken nicht ausstehen, plötzlich Tür an Tür mit Leuten wohnen zu sollen, die früher auf Knien vor ihnen herumgerutscht sind.

Also versammeln sich die einsamen und obdachlosen Götter am Stadtrand und legen sich auf den Wiesen zum Schlafen. Wenn Sie sich für Mythologie und Theologie interessieren, kann ich Ihnen nur empfehlen, einen Ausflug zu diesen Gottesgärten zu unternehmen und durch die endlosen Reihen von schweigenden, verlassenen Gottheiten zu gehen, die sich bis zum Horizont erstrecken.

Hier stolpern Sie über Bathalang Maykapal der Tagalen und über seinen Erzfeind, den Schlangengott Bakonawa, die, nachdem sich niemand mehr für ihre Fehde interessiert, friedlich beisammensitzen und gemeinsam-einsam eine Flasche Wein leeren. Hier treffen Sie auch auf den Lichtgott Atea vom Tuamotu-Archipel und seinen Sohn Tane, der in seinen besten Tagen die Blitze seines Urahnen Fatutiri nach dem Vater schleuderte; heute hockt die ganze Sippschaft zusammen und zeigt wenig Interesse daran, die erlahmte Vendetta wiederaufleben zu lassen.

Schauen Sie, da sitzt auch der Sturm- und Wettergott Tawhirimatea der Maori, der sein Leben der Bestrafung seiner Brüder widmete, weil diese ihre Eltern Ranginui und Papatuanuku auseinandergebracht hatten. Heute hat er kein Publikum mehr, seine Winde haben sich verausgabt, und er sitzt mit seinen Brüder unter wolkenlosem Himmel beim Kartenspiel zusammen. Ein Stück weiter sichten Sie Khonvoum, den Göttervater der Bambuti-Pygmäen, in der Hand seinen Bogen aus zwei Schlangen, den die Menschen für einen Regenbogen halten. Hier begegnen Sie auch dem shintoistischen Feuergott Kagutsuchi, der bei seiner Geburt seine Mutter verbrannte; an seine einstige Glut erinnert heute nur noch ein schwacher Rauchgeruch.

Diese elysischen Gefilde, diese pastorale Enzyklopädie der Mythologie, ist wie ein Kunstmuseum und ein Zeugnis der menschlichen Kreativität und Verdinglichung. Die alten Götter haben sich längst daran gewöhnt, dass wir unsere Ausflugsfahrten hierher unternehmen, die jungen sind nach wie vor erzürnt darüber, wie schnell Verehrung in Vergessenheit umschlägt und sich Märtyrer in Touristen verwandeln.

Obwohl sich die Götter vor den Toren der Stadt versammeln, können sie sich gegenseitig nicht ausstehen. Sie sind verwirrt, denn obwohl sie sich alle im Jenseits einfinden, meinen sie noch immer, sie führten in Wirklichkeit das Kommando – vergessen wir nicht, dass sie ihre Führungspositionen in der Regel einer rücksichtslosen Persönlichkeitsstruktur verdankten. Jeder hält sich für den größten und wichtigsten von allen. Doch sie alle müssen sich damit abfinden, dass es hier keine Hierarchien mehr gibt, die Götter teilen Seite an Seite das gleiche Schicksal des Vergessenwerdens.

Eine Sache beeindruckt sie allerdings am Jenseits: Als Experten in Sachen Rachsucht und Folterkunst empfinden sie größte Hochachtung für diese Version der Hölle.

∾

Die Abtrünnigen

NACH IHREM TOD lernen Sie Gott kennen. Sie sind angenehm überrascht, da sie so ganz anders ist als alle Götter, die sich die Menschen ausgemalt haben. Sie hat durchaus gewisse Gemeinsamkeiten mit den Gottesvorstellungen sämtlicher Glaubensrichtungen, doch sie verfügt über eine göttliche Größe, wie sie sich keine der Religionen vorgestellt hat. Sie ist wie der Elefant, der von den Blinden ertastet wird: Jeder beschreibt einen kleinen Bruchteil, doch keiner hat ein Bild von ihrem Wesen als Ganzem.

Am Leuchten in ihren Augen können Sie ablesen, wie sehr sie sich freut, als sie Ihnen das Buch der Wahrheit überreicht. Dieses Buch beantwortet klipp und klar sämtliche Fragen, die Sie sich im Lauf Ihres Lebens gestellt haben, philosophisch lückenlos und ohne lose Enden. Die Begeisterung, mit denen sie Ihnen ihre Enthüllungen präsentiert, lässt Sie vermuten, dass sie im Grunde ihres Herzens Angst hatte, ein besonders gewitzter Theologe könnte die Antworten erraten haben. Hinweise gab es schließlich genug, nur ihr persönlicher Hintergrund hinderte die Menschen daran, die Wahrheit zu erkennen. Sie sehen, wie erleichtert sie ist, dass sich die Menschen mit ihren Vorurteilen und Traditionen den Blick auf theologische Fragen selbst verstellen – allein dank dieser Scheuklappen ist sie bis heute in der beneidenswerten Position, den Toten, die Tag für Tag den Fluss in ihr Herrschaftsgebiet in der nächsten Dimension überqueren, die großen Geheimnisse des Universums verraten zu können.

Wäre jemand in der Lage, die Traditionen, Märchen und Kinderlieder seiner Vorfahren restlos abzuschütteln, dann hätte dieser Mensch die allerbesten Aussichten, die richtige Antwort zu finden, meint sie. Daher begegnet sie Abtrünnigen – Menschen, die ihre Religion ganz oder teilweise ablegen und nach einer größeren Wahrheit suchen – mit ausgesuchtem Misstrauen. Sie kann diese Leute nicht ausstehen, da sie diejenigen sind, die noch mit der größten Wahrscheinlichkeit über die richtige Antwort stolpern. Wie wir schon immer ahnten (wenn auch aus den völlig falschen Gründen), liegen Gott diejenigen Menschen besonders am Herzen, die ihrer jeweiligen Religion treu bleiben: Sie sind unerschütterlich und experimentierunfreudig genug, um verlässlich die richtige Antwort zu verfehlen.

Nach der Ankunft im Jenseits teilt sie die Menschen in zwei Gruppen ein: Die Abtrünnigen zu ihrer Linken und die Gläubigen zu ihrer Rechten. Die Abtrünnigen werden auf einem Förderband ins Fegefeuer abtransportiert, die Gläubigen bleiben im Himmel. Jeden Tag heißt sie neue Gläubige aus zweitausend Religionsgemeinschaften willkommen. Sie beobachtet sie dabei, wie sie das Buch lesen und wartet mit freudiger Anspannung auf das Aha-Erlebnis.

Doch ihr Buch hat ein ganz entscheidendes Problem. Die Wahrheit überzeugt nämlich nicht. Die neu angekommenen Gläubigen bringen die Fähigkeit mit, unerschütterlich an ihrem irdischen Glauben festzuhalten und zeichnen sich durch eine tiefsitzende Abneigung aus, sich mit Beweisen auseinanderzusetzen, die ihren lebenslang gehegten Überzeugungen widersprechen. Gott fühlt sich missverstanden und wandelt einsam durch die endlosen Wolkenlandschaften ihrer ungläubigen Gläubigen.

∾

Blaupausen

Sie hoffen, nach dem Tod endlich Antworten zu erhalten. Und Sie haben Glück. Im Jenseits erhalten Sie die letztgültige Offenbarung: Sie dürfen den Code des Lebens sehen.

Vermutlich erschrecken Sie, wenn Sie sich zum ersten Mal in Form einer gigantischen Zahlensammlung sehen. Während Sie im Jenseits Ihren alltäglichen Verrichtungen nachgehen, entfalten sich vor Ihrem geistigen Auge gewaltige Zahlenlandschaften, die sich in allen Himmelsrichtungen bis zum Horizont erstrecken. Diese Zahlen stellen jeden Aspekt Ihres Lebens dar. In weiter Ferne erspähen Sie Inseln von Siebenern, Urwälder von Dreiern und verästelte Flussmündungen von Nullen. In seiner Größe und Mannigfaltigkeit ist dieses Spektakel atemberaubend.

Beim Flirten sehen Sie die Werte Ihrer Partnerin und der Zärtlichkeiten, die Sie austauschen. Wenn sie beim Flirt kokett die Unterlippe vorschiebt, schlagen Ihre Zahlen die wildesten Kapriolen. Die Ziffern der endlosen Zahlreihen springen um wie ein Wasserfall. Sie blicken ihr tief in die Augen, Ihre Lippen formen liebevolle Worte, die sich durch Druckveränderungen in Ihrer Luftröhre in Schallwellen verwandeln. Während sie Ihre Sätze verarbeitet, kräuseln Wellen durch ihr gesamtes System. Das Ergebnis der Rechenoperation bestimmt, ob sie Ihre Zärtlichkeiten erwidert und wie.

Du liebe Zeit! denken Sie an Ihrem ersten Nachmittag im Jenseits. Das ist ja der totale Determinismus! Ist die Liebe denn nichts als eine Matheaufgabe?

Nachdem Sie den Code lange genug beobachtet haben, bekommen Sie allmählich ein anderes Verständnis von Willensfreiheit und Verantwortung. Sie verstehen sämtliche Operationen, die dazu führen, dass eine Autofahrerin auf die Bremsen steigt und sich ihr Code überschlägt, weil ihr eine Katze vors Auto läuft; Sie sehen sogar die Zahlen der Flöhe, die der Katze beim Sprung auf die Straße aus dem Fell hüpfen. Sie erkennen, dass niemand einen Einfluss darauf hat, ob die Frau die Katze überfährt oder nicht – das bestimmen allein die Zahlen, die sich in wunderbarer Zwangsläufigkeit umschlingen. Doch Sie verstehen nun auch, dass dieses Zahlennetz derart feinmaschig ist, dass einfache Vorstellungen von Ursache und Wirkung nicht mehr greifen. Sie öffnen sich der Weisheit der fließenden Zahlenmuster.

Wenn Sie annehmen, dass es sich bei dieser Offenbarung um ein Gottesgabe handelt, dann stimmt das nur zum Teil: Genauso handelt es sich nämlich um eine teuflische Strafe. Die Belohner hielten die

Offenbarung ursprünglich für ein Geschenk. Doch die Bestrafer erkannten schon bald, dass sie diese genausogut als Foltermethode einsetzen und sämtliche Freuden des Lebens zunichte machen konnten, indem sie den blutleeren Mechanismus dahinter enthüllten.

Belohner und Bestrafer debattieren hitzig, wem von beiden dieses Instrument mehr nützt. Werden die Menschen diese Offenbarung eher genießen oder sie eher als Qual empfinden?

Beim nächsten Rendezvous, wenn Sie bei einer Flasche Wein zusammensitzen und nach einer scheinbar zufälligen Berührung zweier Finger ein prickelndes Gefühl der Erregung verspüren, kann es Ihnen passieren, dass sich plötzlich Belohner und Bestrafer von hinten an Sie heranpirschen. Der Belohner flüstert Ihnen ins Ohr: »Ist es nicht wunderbar, den Code des Lebens zu durchschauen?« Und der Bestrafer zischt Ihnen ins andere Ohr: »Vergeht Ihnen nicht jede Lust, wenn Sie wissen, wie sie funktioniert?«

Diese Szene ist nicht untypisch für das Jenseits. Sie zeigt vor allem, wie sehr uns beide Seiten überschätzt haben. Das Spiel endet nämlich regelmäßig in einer Enttäuschung für beide, die jedes Mal aufs Neue erschüttert sind, wie wenig sich an unserer Erfahrung ändert, wenn wir wissen, was sich hinter den Kulissen abspielt. Egal ob der geheime Code des Lebens nun eine göttliche Gabe oder ein teuflischer

Fluch ist – wir nehmen ihn kaum wahr. Einmal mehr trollen sich Belohner und Bestrafer schmollend und können nicht begreifen, warum es uns nicht den Appetit verdirbt, wenn wir den Code hinter einem leckeren Essen sehen, warum es unseren Herz- schmerz nicht lindert, wenn wir wissen, wie unver- meidlich er ist, oder warum wir uns nicht weniger an der Liebe berauschen, wenn wir ihr Räderwerk sehen.

∽

Im Konjunktiv

Wenn im Jenseits das Urteil über Sie gesprochen wird, dann werden Sie nicht an anderen Menschen gemessen, sondern an sich selbst. Vor allem werden Sie daran gemessen, was Sie alles aus sich hätten machen können. Das Jenseits hat daher große Ähnlichkeit mit dem Diesseits, nur mit dem Unterschied, dass nun auch all diejenigen Ichs anwesend sind, die Sie hätten sein können. So könnte Ihnen zum Beispiel im Aufzug ein erfolgreicheres Ich über den Weg laufen, vielleicht das Ich, das drei Jahre früher zuhause ausgezogen ist, oder das Ich, das im Flugzeug zufällig neben einer Konzernchefin saß und eine Stelle bekam. Bei der Begegnung mit diesen Ichs verspüren Sie einen gewissen Stolz, wie bei der Begegnung mit einem berühmten Cousin: Sie können zwar nichts für seine Leistungen, aber es fällt ein warmer Abglanz auf Sie.

Doch schon bald fühlen Sie sich eingeschüchtert. Diese Ichs sind nicht Sie – sie sind besser als Sie. Sie haben weisere Entscheidungen getroffen oder kräftiger an einer verschlossenen Tür gerüttelt, die schließlich aufging und faszinierende neue Wege eröffnete. Dieser Erfolg lässt sich nicht mit Verweis auf einen genetischen Vorteil abtun – die Ausgangsposition war dieselbe, aber sie haben mehr aus ihr gemacht. In ihren Parallelleben haben sie klüger gewählt, moralische Fallstricke vermieden und sich nicht so schnell entmutigen lassen. Diese anderen Ichs haben härter an ihren Schwächen gearbeitet und sich öfter für ihre Fehler entschuldigt.

Es kommt der Moment, an dem Sie die Gegenwart dieser besseren Ichs nicht mehr ertragen können. Sie stellen fest, dass Sie noch nie auf jemanden derart neidisch waren. Also suchen Sie die Nähe zu Ihren weniger erfolgreichen Ichs, doch in deren Gegenwart fühlen Sie sich kaum besser. Im Gegenteil, Sie hegen wenig Sympathie für diese Versager und empfinden nichts als Verachtung für ihre Faulheit. »Wenn du weniger ferngesehen und deinen Hintern hochbekommen hättest, dann wärst du jetzt nicht da, wo du bist«, erklären Sie ihnen, wenn Sie sich überhaupt mit ihnen abgeben.

Doch Sie können den besseren Ichs nicht entkommen. Im Buchladen treffen Sie einen von ihnen Arm in Arm mit der bezaubernden Frau, die Sie sich haben entgehen lassen. Ein anderer steht zwischen den Regalen und streichelt zärtlich über den Rücken des Buchs, das er tatsächlich zu Ende geschrieben hat und das ein Bestseller wurde. Und sehen Sie sich den an, der vor dem Fenster vorbeijoggt: Er hat einen erheblich attraktiveren Körper als Sie, weil er mit einer Disziplin ins Fitnessstudio gegangen ist, die Sie nie erreicht haben.

Schließlich gehen Sie in Deckung und suchen nach Gründen, warum Sie ohnehin nie ein braver Streber sein wollten. Widerwillig freunden Sie sich mit einigen Ihrer weniger erfolgreichen Ichs an und betrinken sich mit Ihnen. Aber selbst am Tresen begegnen Sie noch Ihren besseren Ichs, die ihren Freunden eine Runde nach der anderen ausgeben, um gemeinsam auf ihre neueste kluge Errungenschaft anzustoßen.

So wird die Bestrafung im Jenseits geschickt automatisch kalibriert: Je weiter Sie hinter Ihrem Potenzial zurückbleiben, desto größer die Zahl dieser lästigen Über-Ichs, mit denen Sie sich herumschlagen müssen.

∾

Die Suche

IM AUGENBLICK DES ÜBERGANGS vom Leben zum Tod ändert sich nur eines: Die biochemischen Kreisläufe, die Ihre Maschinerie am Laufen halten, kommen zum Stillstand. Sie bestehen nach wie vor aus denselben Billionen und Aberbillionen von Atomen, doch der gutnachbarschaftliche Austausch zwischen ihnen bricht in sich zusammen.

In dem Moment, in dem sie nicht mehr gemeinsam an der Aufrechterhaltung der menschlichen Form arbeiten, beginnen die Atome, ihrer Wege zu gehen. Die eng miteinander vernetzten Bestandteile, aus denen sich Ihr Körper eben noch zusammensetzte, werden aufgedröselt wie ein Pullover, und jeder Faden verschwindet in eine andere Richtung. Nachdem Sie Ihren letzten Atemzug getan haben, löst sich der Verbund der Billionen und Aberbillionen von Atomen auf und geht in die Erde ein, in der Sie liegen. Während Sie allmählich zerfallen, gehen Ihre Atome in neue Zusammenhänge über: in das Blatt eines Farnstrauchs, ein getüpfeltes Schneckenhaus, ein Maiskorn, den Kiefer eines Käfers, einen wachsfarbenen Blutwurz oder die Schwanzfeder eines Schneehuhns.

Die Billionen und Aberbillionen von Atomen haben sich keineswegs rein zufällig in Ihrem Körper zusammengefunden: Jedes trug einen Stempel, der es als zu Ihnen gehörig kennzeichnete, und es trägt diese Markierung auch auf seinem weiteren Weg. Mit anderen Worten, Sie verschwinden nicht einfach, sondern Sie nehmen andere Gestalt an. Ihre Gesten bestehen nun nicht mehr im Heben einer Augenbraue oder einem gehauchten Kuss, sondern im Auffliegen einer Mücke, dem Schwanken eines Weizenhalms oder dem Atemzug eines auftauchenden Belugawals. Ihre Freude drücken Sie nun in einem Seegrasteppich aus, der auf einer Welle planscht; in einem Luftwirbel, der unter einer Gewitterwolke tanzt; oder in einem glänzenden Flusskiesel, der an einem Strudel vorübergleitet.

Aus Ihrer gegenwärtigen, konzentrierten Sicht, mag dieses Leben nach dem Tod unangenehm weit verstreut klingen. Doch es ist im Gegenteil ein Genuss. Sie können sich nicht vorstellen, wie lustvoll es ist, sich mit Ihrem neudefinierter Körper über ein riesiges Gebiet hinweg zu räkeln: Sie kräuseln Ihre Gräser, recken Ihren Fichtenzweig und strecken Ihren Reiherflügel, während Sie einen Krebs aus seinem Erdloch in die funkelnden Strahlen der untergehenden Sonne schieben. Der Liebesakt erreicht Höhepunkte, von denen Sie in der Kompaktheit des menschlichen Körpers nicht einmal träumen konnten. Nun können sich Ihre Körper an einer Vielzahl von Stellen gleichzeitig berühren: Mit mannigfaltigen Händen streichen Sie über den vielgestaltigen Körper des Geliebten. Ihre Flüsse münden ineinander. Sie bewegen sich im Rhythmus der vielfüßigen Lebewesen einer Wiese, der sich ineinander verschlingenden Pflanzen eines Feldes und der sich zärtlich aneinanderschmiegenden Wetterfronten, die in einem Gewitter zur Entladung kommen.

Wie in Ihrer gegenwärtigen Daseinsform besteht der Nachteil vor allem darin, dass Sie sich in ständiger Veränderung befinden. Während Lebewesen sterben und zu Staub zerfallen und Ihre Früchte herabfallen und vermodern, lernen Sie neue Gesten dazu und verlernen andere. Ihr Partner entschwindet in Form eines auffliegenden Schwarms tropischer Zugvögel, einer fliehenden Herde überwinternder Rentiere oder eines Kormorans, der in einem See untertaucht und an einem unbekannten Ort wieder an die Wasseroberfläche kommt.

Viele Ihrer heutigen Probleme blieben Ihnen allerdings erhalten, wie etwa Versuchungen, Herzschmerz, Ärger, Misstrauen und Laster. Nicht zu vergessen die Qual der Wahl. Glauben Sie nicht, dass Pflanzen automatisch der Sonne entgegen wachsen, dass Zugvögel vom Instinkt geleitet werden oder dass Gnus nach einem vorgegebenen Muster über die Steppen wandern: Alles ist Suche. Ihre Atome mögen sich über den gesamten Erdball verteilen, doch sie werden dieser Suche nicht entkommen. Eine breite Streuung bewahrt Sie nicht vor der immerwährenden Frage, wie Sie Ihre Zeit am sinnvollsten nutzen.

Alle paar Jahrtausende finden Ihre Atome wieder zusammen. Aus allen Teilen der Erde reisen sie an wie Staatsoberhäupter zu einem Gipfeltreffen und halten eine intime Zusammenkunft in Gestalt eines Menschen ab. Von Nostalgie getrieben, verdichten sie sich erneut zu der kompakten geometrischen Form, mit der alles begann. In dieser Gestalt genießen sie ein längst vergessenes Gefühl der Initimität, das sich ein wenig anfühlt wie Urlaub. Sie vereinen sich auf der Suche nach etwas, das sie einst kannten, das sie damals aber nicht zu schätzen wussten.

Anfangs ist die Stimmung warm und herzlich, doch es dauert nicht lange, und sie vermissen ihre Freiheit. In der Enge des menschlichen Körpers entwickeln die Atome Platzangst. In der menschlichen Form können sie nicht mehr um die Ecke sehen und sich nicht mehr über große Distanzen hinweg berühren. Für die Atome sind wir der Moment der größten Unfreiheit. In dieser Gestalt sehnen wir uns danach, Berge zu besteigen, Weltmeere zu befahren und die Lüfte zu erobern in dem verzweifelten Versuch, die Grenzenlosigkeit zurückzuerlangen, die wir einst kannten.

∽

Die Umkehr

Es gibt zwar kein Jenseits, doch das heißt nicht, dass wir nicht ein weiteres Mal leben.

Irgendwann wird sich die Ausdehnung des Universums verlangsamen und schließlich zum Stillstand kommen, ehe das Weltall wieder in sich zusammenfällt. In diesem Augenblick kehrt sich der Zeitpfeil um. Alles, was während der Ausdehung passierte, ereignet sich nun ein weiteres Mal, nur in umgekehrter Reihenfolge. Auf diese Weise endet unser Leben nicht mit Tod und Zerfall, sondern es wird zurückgespult.

In diesem Leben im Rückwärtsgang werden Sie aus der Erde heraus geboren. In Enterdingungszeremonien werden Sie ausgegraben und feierlich in ein Schauhaus getragen, wo Ihr Geburtsmakeup entfernt wird. Von dort kommen Sie in ein Krankenhaus und öffnen umringt von Ärzten zum ersten Mal die Augen. Im Alltag setzen sich zerbrochene Blumenvasen wieder zusammen, Schmelzwasser gefriert zu Schneemännern, gebrochene Herzen finden die große Liebe, Flüsse fließen bergauf.

Ehen beginnen im Zank, münden in gegenseitige Missverständnisse und enden mit erotischen Experimenten. Die Lust eines ganzen Sexlebens entrollt sich erneut und endet in Küssen statt Schlaf. Bärtige Männer verwandeln sich in Kinder, die in die Schule geschickt werden, wo sie jeden Tag ein Stückchen weiter von der Erbsünde der Erkenntnis befreit und von der Fähigkeit zu lesen, schreiben und rechnen geläutert werden.

Nach dieser Entziehung schrumpfen sie immer weiter, krabbeln auf allen Vieren, verlieren ihre Zähne und kehren zurück in den reinsten und höchsten Zustand des Säuglings. Am letzten Tag schreien sie, weil ihr Leben endet, und klettern zurück in den Leib ihrer Mutter, die ebenfalls bald schrumpft und in ihre Mutter zurückkriecht, und so weiter, wie Matrjoschkas.

In diesem umgekehrten Leben können Sie sich immer schon auf das freuen, was als nächstes kommt. Im Moment der Umkehr sind Sie wirklich glücklich: Beim ersten Mal mussten Sie Ihr Leben im Vorwärtsgang in eine ungewisse Zukunft bewältigen, und nun hegen Sie die Hoffnung, dass Sie es im Rückwärtsgang endlich verstehen, dass alles einen Sinn ergibt.

Doch Sie werden schmerzlich enttäuscht. Sie stellen nämlich fest, dass Ihr Gedächtnis ein Leben lang kleine Mythen erfunden hat, um Ihre Lebensgeschichte in Einklang mit der Person zu bringen, die Sie gerne wären. Sie haben sich eine wasserdichte Geschichte zurechtgelegt und dazu unzählige Details, Entscheidungen und Ereignisabfolgen falsch

abgespeichert. Auf dem Rückweg lösen sich diese Geschichten in Luft auf. Beim Rückwärtsgang durch die Korridore des Lebens setzt Ihnen die dauernde Kollision von Dichtung und Wahrheit übel zu. Und wieder im Mutterleib angekommen, verstehen Sie sich genausowenig wie beim
ersten Mal.

∾